Compassion
Weltprogramm des Christentums

Soziale Verantwortung lernen

Herausgegeben
von
Johann-Baptist Metz
Lothar Kuld
Adolf Weisbrod

W0192197

Herder
Freiburg · Basel · Wien

Alle Rechte vorbehalten - Printed in Germany
Umschlaggestaltung: Finken & Bumiller, Stuttgart
unter Verwendung eines Motivs von Roland Peter Litzenburger
© Verlag Herder, Freiburg im Breisgau 2000
Satzbearbeitung: SatzWeise, Föhren
Herstellung: Freiburger Graphische Betriebe 2000
Gedruckt auf umweltfreundlichem, chlor-und säurefrei gebleichtem Papier
ISBN 3-451-27211-3

Inhalt

Idee und Initiative

Erfahrungen und Anregungen

Vorwort der Herausgeber

Als zu Weihnachten 1997 in der Feuilletonbeilage der Süddeutschen Zeitung der Artikel erschien „Mit der Autorität der Leidenden – Compassion – Vorschlag zu einem Weltprogramm des Christentums", waren für uns die Überraschung sehr groß und die Wirkung sehr aufmunternd. Der weltbekannte Fundamentaltheologe aus Münster und Wien, Johann Baptist Metz, hat also, vermuteten wir, unsere Compassion-Initiative aufgegriffen. Die rasche Lektüre indes, von Neugierde getrieben, ließ sofort zweierlei erkennen: Johann Baptist Metz hatte erstens von unserem Projekt nichts gewusst (er erfuhr erst später in Wien davon); zweitens allerdings enthielten seine Überlegungen zu einem Weltprogramm des Christentums alle wichtigen Gesichtspunkte, die den theologischen und philosophischen Horizont unseres Schulprojektes zutreffend markieren. Seither haben wir in Metz einen gewichtigen Fürsprecher. Er und das ungewöhnliche Echo in Presse, Funk und Fernsehen, in Kirchen und Ministerien gaben der Initiative eine wohltuende Schubkraft, bestärkten uns in der Absicht, schulische Voraussetzungen dafür zu schaffen, dass möglichst viele Jugendliche gezielt soziale Verantwortung lernen. Auch der Deutsche Caritasverband und das Diakonische Werk sagten uns jede Unterstützung zu.

Schon vorher hatte es an Freien Schulen unterschiedlicher Prägung das Angebot sozialer Praktika gegeben. Was aber bislang immer gefehlt hatte, war das entscheidende Element der unterrichtlichen Begleitung; sie allein sichert die Nachhaltigkeit umfassender Wirkung. Obwohl wir zunächst nur den Raum Katholischer Freier Schulen im Auge hatten, weil wir dafür zuständig sind, war uns von vornherein klar gewesen, dass es sich hier um eine überkonfessionelle und gesamtgesellschaftliche Aufgabe handelt. Soziales Empfinden mag in höchstem Grade christlich motiviert sein; es ist aber ein „desideratum humanum" schlechthin. Deswegen sei jede Schule dazu aufgerufen, diesen Aspekt menschlicher Formung ins Bildungsprogramm zu integrieren; durch die Schulen nämlich geht jeweils die ganze nächste Generation in der prägsamsten Phase menschlicher

Entwicklung. Wir begrüßen es deshalb sehr, dass sich auch evangelische Schulen frühzeitig der Initiative angeschlossen haben und dass Theodor Strohm, Professor für praktische Theologie und Leiter des diakoniewissenschaftlichen Instituts an der Universität Heidelberg, seinen Beitrag „Diakonie der Versöhnung – eine Perspektive sozialer Verantwortung" für diesen Sammelband zur Verfügung gestellt hat.

Dieses Buch soll bewusst über den unterrichtspraktischen Beschreibungen unseres Projekts stehen. Es soll Zusammenhänge aus verschiedenen Fachbereichen deutlich machen, es soll die gesellschaftspolitische Aufgabe unserer Schulen ins Bewusstsein bringen. Weltprogramm, Mitleid, Diakonie, Solidarität, ethisches Lernen und Erlebnisbezogenheit sind signifikante Stichwörter unserer Zielvorgabe. Die Ergebnisse der wissenschaftlichen Untersuchung haben unsere Erwartungen allesamt bestätigt und die Berichte von Schülerinnen und Schülern vermitteln den Lehrerkollegien immer wieder hinreichend Motivation.

Wir danken der Bund-Länder-Kommission dafür, dass sie unsere Initiative als Pilotprojekt 1996 anerkannt hat. Damit war die Voraussetzung dafür geschaffen, dass der Bund, das Land Baden-Württemberg und die Erzdiözese Freiburg finanzielle Mittel für die wissenschaftliche Begleitung und Auswertung zur Verfügung stellen konnten. Wir danken schließlich vor allem Klaus Happold, dem Ltd. Ministerialrat im Ministerium für Kultus und Sport, Stuttgart, der die Entscheidung in der Bund-Länder-Kommission mit beeindruckender Überzeugungskraft vermittelt hat.

Adolf Weisbrod   Freiburg/Karlsruhe, Dezember 1999
Lothar Kuld

Compassion

Zu einem Weltprogramm des Christentums im Zeitalter des Pluralismus der Religionen und Kulturen

Johann Baptist Metz

I

Wir leben, so sagt man, in einer Welt der unhintergehbaren Pluralität, des konstitutionellen Pluralismus der Kulturen, der Religionen und Weltanschauungen. Was gefordert ist, sei Toleranz, sei Dialog oder Diskurs. Gewiss. Aber ist das die ganze Antwort? Gibt es nicht auch Grenzen der Toleranz und Kriterien für den Dialog und gibt es in unserem Zeitalter der Globalisierung nicht auch Situationen, in denen die formale, die rein verfahrensorientierte Rationalität der Diskurse versagt? Wie auch immer: Der Pluralismus ist nicht einfach die Antwort, sondern zunächst die Frage und das Problem.

Dieses Problem lösen heißt freilich nicht, den Pluralismus auflösen, sondern eine allen Menschen zugängliche und zumutbare Form des Umgangs mit ihm zu entwickeln. Gibt es aber in der unwiderruflich anerkannten Vielfalt der Kulturen und Religionen ein alle verpflichtendes und in diesem Sinne wahrheitsfähiges Kriterium der Verständigung? Oder bleibt nun alles der Beliebigkeit des postmodernen Marktes ausgeliefert? Führt die Globalisierung im Bereich der Religionen und Kulturen am Ende zur Trivialisierung? Die ganze Widersprüchlichkeit der Situation lässt sich gegenwärtig gut ablesen an dem inzwischen schon zum Bestseller avancierten Buch „Kampf der Kulturen" von Samuel Huntington. Huntington warnt zwar vor einer Universalisierung der so genannten „westlichen Werte", gleichzeitig tritt aber auch er für so etwas wie eine universelle Moral ein, die im Fall ihrer systematischen Verletzung sogar zur Intervention nötigen kann. Was ist da gemeint? Welches sind die Kriterien und die Eigenart solcher Universalität? Worin wurzelt die Verantwortung?

Mein Vorschlag zielt auf das Gottesgedächtnis der biblischen Traditionen, soweit es sich als Leidensgedächtnis der Menschen formuliert. In ihm ist der Universalismus, gewissermaßen das Weltprogramm des Christentums im Zeitalter des konstitutionellen

Pluralismus verankert. Beginnen wir mit der „schwierigen Universalität": Gibt es überhaupt einen pluralismusverträglichen Universalismus, der mehr und anderes ist als ein Universalismus der Verfahrensweisen? Gibt es also einen pluralismusverträglichen Universalismus, der nicht völlig von allen Geltungsansprüchen entkleidet ist?

II

Die Rede von Gott ist allemal eine universalistische Rede. Gott ist entweder ein Menschheitsthema oder überhaupt kein Thema. Götter sind pluralisierbar und regionalisierbar, nicht aber Gott. Er ist nur „mein" Gott, wenn er auch „dein" Gott sein kann, er ist nur „unser" Gott, wenn er auch als der Gott aller anderen Menschen bekannt und angebetet werden kann. Gott eignet sich nicht zur Legitimierung und Befestigung des Freund–Feind–Verhältnisses unter den Menschen. Der Gottesgedanke ist – elementar – ein Friedensgedanke.

Freilich, immer wieder nahm die christliche Gottesrede die Züge eines „starken", eines machtpolitischen Monotheismus an, der schärfster politischer Kritik durch die Moderne ausgesetzt ist. Er gilt zumeist und nicht zu Unrecht als Legitimationsquelle eines vordemokratischen, eines gewaltenteilungsfeindlichen Souveränitätsdenkens, als Wurzel eines obsoleten Patriarchalismus und als Inspirator politischer Fundamentalismen. Angesichts solcher Kritik kann das Christentum sich nicht dadurch schadlos halten, dass es – wie das in der gegenwärtigen Theologie nicht selten geschieht – in die Trinitätstheologie ausweicht und nun aus der Dreifaltigkeit Gottes die Pluralismus- und Modernitätsverträglichkeit des Christentums zu erweisen sucht. Damit nämlich würde das Christentum z. B. den strikt monotheistischen Religionen aus jüdischer und auch aus islamischer Tradition von vorn herein jede Pluralismusverträglichkeit absprechen – ganz abgesehen davon, dass ein Christentum, das seinen eigenen monotheistischen Hintergrund aus den Augen verliert, offensichtlich gegen die biblischen Traditionen steht und mit seiner Christologie und Trinitätstheologie in die Gefahr einer baren Mythologie gerät.

Die Rede vom Gott Abrahams, Isaaks und Jakobs, der auch der Gott Jesu ist, ist nicht Ausdruck irgendeines Monotheismus, sondern eines „schwachen", eines verletzbaren, eines empathischen Monotheismus, sie ist in ihrem Kern eine leidempfindliche Gottesrede. Bei diesem biblischen Monotheismus handelt es sich um einen „reflexiven Monotheismus". Das will zweierlei besagen: Zum einen ist dieser Monotheismus von einer Figur der „biblischen Aufklärung" begleitet, d. h., er enthält zwar Elemente eines archaischen Monotheismus mit seinen Gewaltmythen und seinen Freund-Feind-Bildern, gleichzeitig kennt er aber ein „Bilderverbot", eine radikale Mythenkritik und die negative Theologie der Propheten; zum andern ist die Gottesrede der biblischen Traditionen ein Rede, die durch die ebenso unbeantwortbare wie unvergessliche Theodizeefrage – also durch die Frage nach dem Leid in Gottes guter Schöpfung – konstitutionell „gebrochen" ist, eine Rede, die nicht eine Antwort, sondern eine Frage zu viel hat. Sie ist deshalb eine Gottesrede, die sich nur über die Leidensfrage, über die memoria passionis, über das Eingedenken des Leids, des Leids der anderen – bis hin zum Leid der Feinde – universalisieren kann. Universal, also für alle Menschen bedeutsam, kann die Gottesrede nur sein, wenn sie in ihrem Kern eine für fremdes Leid empfindliche Gottesrede ist. Das Ringen um diesen Monotheismus (im Hintergrund der europäischen Moderne) hat vermutlich ausschlaggebende Bedeutung bei den gegenwärtig viel besprochenen Kulturkonflikten – z. B. zwischen der politischen Kultur des Westens und der der islamischen Länder. Ich halte es für aussichtslos, bei diesen und analogen Auseinandersetzungen das „monotheistische Prinzip" überhaupt ausschalten zu wollen. Es geht vielmehr darum, die Züge dieses leidempfindlichen, dieses „schwachen" Monotheismus in den Traditionen aller drei großen monotheistischen Religionen anzurufen und einzuklagen – bei den Juden, bei den Christen und bei den Moslems.

Die biblischen Traditionen der Gottesrede und die neutestamentlichen Jesusgeschichten kennen eine unverzichtbare Gestalt des Universalismus, der universellen Verantwortung. Dabei ist freilich, und dies wäre genau zu beachten, der Universalismus dieser Verantwortung nicht primär orientiert am Universalismus der Sünde, sondern am Universalismus des Leidens in der Welt. Jesu erster Blick galt nicht der Sünde der anderen, sondern dem Leid der anderen. (Die Sünde war ihm vor allem Verweigerung der Teilnahme am Leid der anderen, war ihm Weigerung, über den dunklen Horizont der eigenen Leidensgeschichte hinaus zu denken, war ihm, wie das Augustinus genannt hat, „Selbstverkrümmung des Herzens", Auslieferung an den heimlichen Narzissmus der Kreatur.) Und so begann das Christentum als eine Erinnerungs- und Erzählgemeinschaft in der Nachfolge Jesu, dessen erster Blick dem fremden Leid galt.

Diese Empfindlichkeit für das Leid der anderen kennzeichnet Jesu

„neue Art zu Leben". Sie ist m. E. der stärkste Ausdruck jener Liebe, die er meinte, wenn er – übrigens ganz in der Tendenz seines jüdischen Erbes – von der unzertrennlichen Einheit von Gottes- und Nächstenliebe sprach. Es gibt Parabeln Jesu, mit denen er sich in besonderer Weise in das Gedächtnis der Menschheit hineinerzählt hat. Dazu gehört vorweg das bekannte Gleichnis vom „Barmherzigen Samariter", dieses Gleichnis mit seiner Kritik am Priester und am Leviten, die beide „in höherem Interesse" an dem unter die Räuber Gefallenen vorübergehen. Wer „Gott" im Sinne Jesu sucht, kennt hier kein dispensierendes „höheres Interesse". Wer „Gott" im Sinne Jesu sagt, nimmt die Verletzung der vorgefassten religiösen Vorstellungen durch das Unglück der anderen in Kauf. Vom Gott Jesu reden, heißt unbedingt, fremdes Leid zur Sprache bringen und versäumte Verantwortung, verweigerte Solidarität beklagen. In der Bildersprache einer archaischen Provinzgesellschaft – und natürlich unbekümmert um die Strukturprobleme spätmoderner Gesellschaften – weist diese Parabel in die Leidempfindlichkeit der Gottesrede ein. Dabei ist diese Empfindlichkeit für fremdes Leid nicht die moralische Konsequenz, sondern die imaginative Voraussetzung der biblischen Rede von Gott.

Das Christentum hatte schon sehr früh große Schwierigkeiten mit der hier angesprochenen elementaren Leidempfindlichkeit seiner Botschaft. Die die biblischen Traditionen beunruhigende Frage nach der Gerechtigkeit für die unschuldig Leidenden wurde allzu schnell verwandelt in die Frage nach der Erlösung der Schuldigen. Die Leidensfrage geriet in einen „soteriologischen Zirkel", die christliche Soteriologie stellte die Theodizeefrage still. Das Christentum verwandelte sich aus einer primär leidempfindlichen in eine primär sündenempfindliche Religion. Nicht mehr dem Leid der Kreatur galt der erste Blick, sondern ihrer Schuld. Das lähmte die elementare Empfindlichkeit für das fremde Leid und verdüsterte die biblische Vision von der großen Gottesgerechtigkeit, der doch nach Jesus aller Hunger und Durst zu gelten hätte.

Im Ringen um einen pluralismusverträglichen Universalismus ist die Konzentration auf diese elementare Leidempfindlichkeit der biblischen Gottesbotschaft von entscheidender Bedeutung. Dieser Universalismus wird im Christentum nicht durch eine verfahrensrationale Entsubstantialisierung von Geltungsansprüchen gewonnen; die christliche Theologie ordnet hier vielmehr der rein formalen Verfahrensuniversalität eine bestimmte Universalität vor: Die Universalität der Leidenserfahrung, in die die Theologie mit ihrer unvergesslichen wie unbeantwortbaren Theodizeefrage und in die die Reich-Gottes-

Parabeln Jesu verweisen. Der damit angesprochene Universalismus des Leidens ist ein „negativer Universalismus" und als solcher kann er auch unter Pluralitätsbedingungen und in globalisierten Verhältnissen ideologiefrei formuliert werden.

III

Immer wieder habe ich versucht, ein überzeugendes deutsches Wort für die elementare Leidempfindlichkeit der christlichen Botschaft zu finden. „Mitleid" verweist zu sehr in die reine Gefühlswelt, klingt allemal privatisierend, und auch das Fremdwort „Empathie" klingt mir zu unpolitisch und zu unsozial. So bleibe ich bei dem Wort, mit dem ich bei nichtdeutschsprachigen Zuhörern weniger Schwierigkeiten hatte: bei „Compassion". Diese gerechtigkeitssuchende Compassion ist das Schlüsselwort für das Weltprogramm des Christentums im Zeitalter der Globalisierung. Sie ist in meinen Augen die biblische Mitgift für den europäischen Geist, so wie die theoretische Neugierde die griechische Mitgift und das Rechtsdenken die römische Mitgift für Europa ist.

Apropos „Compassion": Inzwischen habe ich auf eine eindrucksvolle Koinzidenz nicht nur im gesuchten Begriff, sondern auch in der intendierten Sache hinzuweisen. Als ich meine Überlegungen zur Compassion in Wien vortrug, wurde ich auf ein „Freiburger Experiment" aufmerksam gemacht. In Freiburg, so erfuhr ich, wurde in den letzten Jahren in kirchlicher Trägerschaft ein Schulprojekt namens „Compassion" entwickelt, ein Modellprojekt für soziales Lernen, gewissermaßen ein Lernfach „Mitleidenschaft", das unter dem Stichwort „Compassion" das moralische und soziale Verhalten junger Menschen in unsern hochkomplexen, religiös und kulturell pluralen Gesellschaften einübt. Bei einer Einladung nach Freiburg wurde mir der Zusammenklang zwischen diesem Basisprojekt zur Compassion und meinen theologischen Überlegungen zur elementaren Leidempfindlichkeit der biblischen Botschaft deutlich.

Hier will ich kurz die weltweite, auf die Situation der Menschheit im Ganzen zielende Bedeutung dieser Compassion verfolgen. Diese Compassion schickt nämlich an die Front der politischen, der sozialen und kulturellen Konflikte in der heutigen Welt. Fremdes Leid wahrzunehmen und zur Sprache zu bringen, ist die unbedingte Voraussetzung aller künftigen Friedenspolitik, aller neuen Formen sozialer Solidarität angesichts des eskalierenden Risses zwischen Arm und Reich und aller verheißungsvollen Verständigung der Kultur- und Religionswelten. Was wäre im ehemaligen Jugoslawien geschehen, wenn die dortigen Ethnien, ob christlich oder muslimisch geprägt, nach diesem Imperativ der Compassion gehandelt hätten? Wenn sie sich also nicht nur der eigenen Leiden, sondern auch der Leiden der anderen, der Leiden ihrer bisherigen Feinde erinnert hätten? Wie viel unsägliches Leid wäre vermieden worden? Was wäre mit den Bürgerkriegen in Nordirland oder in Libanon, wenn Christen nicht immer wieder – wie eben auch im Gang durch die Jahrhunderte – diese Compassion verraten oder vergessen hätten? Und nur wenn auch unter uns – in der neuen EU – eine von dieser Compassion inspirierte politische Kultur zunimmt, wächst die Aussicht darauf, dass Europa eine blühende, nicht eine brennende multikulturelle Landschaft sein wird, eine Friedenslandschaft und nicht eine Landschaft implodierender Gewalt, also nicht eine Landschaft eskalierender Bürgerkriege.

Diese Compassion hat auch eine anamnetische Tiefenstruktur, die mir für eine Politik der Freiheit und der gegenseitigen Anerkennung unverzichtbar erscheint. Compassion ist auch Eingedenken vergangener Leiden und damit Protest gegen die Vergesslichkeit der modernen Freiheit. Was wäre denn, wenn sich die Menschen eines Tages nur noch mit der Waffe des Vergessens gegen das Unglück in der Welt wehren könnten, wenn sie ihr Glück nur noch auf das mitleidlose Vergessen der Opfer bauen könnten, also auf eine Kultur der Amnesie, in der allenfalls die Zeit alle Wunden heilt? Woraus würde sich dann noch der Aufstand gegen die Sinnlosigkeit der Leiden in der Welt nähren, was würde dann noch zur Aufmerksamkeit für das fremde Leid und die Vision einer neuen, größeren Gerechtigkeit inspirieren? Was würde Freiheit noch kostbar machen? Die Compassion protestiert gegen einen Pragmatismus der Freiheit, der sich vom Leidensgedächtnis losgesagt hat und so zunehmend moralisch erblindet. Es kann schließlich in der Politik der Freiheit nicht nur um das Verhältnis der einen Diskurspartner zu den anderen Diskurspartnern gehen, sondern – fundamentaler – um das Verhältnis der Einen zu den bedrohten und geopferten Anderen. Die Politik der Freiheit wurzelt in Anerkennung und Eingedenken. Strikt symmetrische Anerkennungsverhältnisse, wie sie Konzept unserer fortgeschrittenen Diskursgesellschaften unterstellt werden, kommen letztlich über eine Logik der Markt-, der Tausch- und Konkurrenzverhältnisse nicht hinaus. Erst asymmetrische Anerkennungsverhältnisse, erst die Zuwendung der Einen zu den ausgegrenzten und zerstörten Anderen bricht die Gewalt der Logik des Marktes. Nicht wenige werden in dieser Betonung der Asymmetrie einen zu emphatischen Politikbegriff vermuten. Tatsächlich reklamiert er jedoch nur das unverzichtbare Verhältnis von Politik und Moral. Ohne diese „moralische Implikation" wäre Politik, wäre Weltpolitik nur das, als was sie heute bereits weithin scheint: die Geisel von Ökonomie und Technik und ihren so genannten „Sachzwängen" im Zeitalter der Globalisierung.

IV

Compassion (in der erläuterten Bedeutung) wäre die biblische Mitgift für ein sittliches Weltprogramm in diesem Zeitalter der Globalisierung. Nun ist in den gegenwärtigen Versuchen, ein globales Ethos zu formulieren, häufig von einem sittlichen Universalismus die Rede, der auf der Basis eines so genannten Minimalkonsenses zwischen den Religionen und Kulturen angestrebt wird. Doch sittlicher Universalismus ist kein Konsensprodukt. Er wurzelt vielmehr in der unbedingten Anerkennung einer Autorität, die freilich auch in den großen Religionen und Kulturen der Menschheit angerufen werden kann: In der Anerkennung der Autorität der Leidenden, wie ich sie hier in extremer Abkürzung nennen möchte. Diese Autorität der Leidenden ist nach den Kriterien von Konsens und Diskurs „schwach". Ihr gegenüber geht der Gehorsam der Verständigung und dem Diskurs voraus – und zwar um den Preis jeglicher Moralität. „Sieh hin – und du weißt", hatte das ein Mal der Philosoph Hans Jonas formuliert. Diesem Gehorsam bleibt jede Ethik unterworfen, die am Ende nicht zur reinen „Verträglichkeitsethik" werden will, nicht zur Akzeptanz- oder Rechtfertigungsethik in unserer wissenschaftlich-technologischen Weltzivilisation, in der nicht mehr Ziele und Grenzen menschlichen Handelns definiert werden, sondern in der nur eine Versöhnung dieses Handelns mit immer neu auftauchenden „Sachzwängen" aus Ökonomie und Technik gesucht wird. Wo zum Beispiel bliebe denn noch der ethische Einspruch gegen eine Biotechnik, in der „der Mensch" nur als das Letzte, noch nicht völlig durchexperimentierte Stück Natur gilt? Wie lange werden die Gesetze gegen das Klonen von Menschen wirklich halten?

Diesem Gehorsam bleibt aber auch die Kirche unterworfen. Er ist also kein willkommenes Faustpfand der Kirche für ihre innerkirchlichen Gehorsamsforderungen. Dieser Gehorsam kann nicht noch ein Mal ekklesiologisch verschlüsselt werden, denn die Autorität der Leidenden, der dieser Gehorsam gilt, ist auch für die Kirche unhintergehbar. Und so kann dieser Gehorsam gerade auch zur Kritik am konkreten kirchlichen Verhalten werden. Hat etwa die Gottesverkündigung der Kirche nicht zu sehr vergessen, dass sich die Gottesrede der biblischen Traditionen im Eingedenken fremden Leids buchstabiert, dass also das dogmatische Gottesgedächtnis nicht vom himmelschreienden Leidesgedächtnis der Menschen abgesprengt werden darf? Ist die „Gotteskrise", die im Hintergrund der heute viel besprochenen Kirchenkrise steht, nicht auch durch eine kirchliche Praxis mitverursacht, in der Gott mit dem Rücken zur Leidensgeschichte der Menschen verkündet wurde und verkündet wird? Wirkt die Verkündigung der Kirche vielleicht deshalb zuweilen so fundamentalistisch, weil in ihr die Autorität Gottes von der Autorität der Leidenden getrennt ist, obwohl doch Jesus selbst in seiner berühmten Gerichtsparabel (Mt 25) die gesamte Menschheitsgeschichte eben unter die Autorität der Leidenden gestellt hat? Für mich ist diese Autorität der Leidenden die Einzige, in der sich die Autorität eines richtenden Gottes in der Welt für alle Menschen manifestieren kann. Im Gehorsam ihr gegenüber konstituiert sich das moralische Gewissen, und was wir die Stimme dieses Gewissens nennen, ist unsere Reaktion auf die Heimsuchung durch dieses fremde Leid. Ich weiß, dies alles bedürfte einer näheren Präzisierung, vor allem aber auch der genaueren Bestimmung der Leidenden als unschuldig, als ungerecht Leidender, wie ich das in Überlegungen zur „Politischen Theologie" versucht habe.

V

Man darf wohl sagen, dass alle großen Religionen der Menschheit um eine Mystik des Leidens konzentriert sind. Und das wäre m. E. auch die Basis einer Koalition der Religionen zur Rettung und Beförderung der sozialen und politischen Compassion in unserer Welt – im gemeinsamen Widerstand gegen die Ursachen ungerechten und unschuldigen Leidens in der Welt, gegen Rassismus, gegen Fremdenfeindlichkeit, gegen nationalistisch oder rein ethnisch imprägnierte Religiosität mit ihren Bürgerkriegsambitionen; aber auch gegen die kalte Alternative einer Weltgesellschaft, in der „der Mensch" immer mehr in den menschenleeren Systemen der Ökonomie, der Technik und ihrer Kultur- und Informationsindustrie verschwindet und in der die Politik immer mehr ihren Primat an eine Weltwirtschaft mit ihren

16

vom Menschen bereits abstrahierenden Marktgesetzen zu verlieren droht. Hier wäre diese Ökumene der Compassion ein politisches Ereignis, nicht, damit einer traumtänzerischen Gesinnungspolitik oder gar einer fundamentalistischen Religionspolitik das Wort geredet werde, sondern damit gewissenhafte Weltpolitik von den Weltreligionen gestützt werde.

Dabei wird es m. E. künftig vor allem um eine wichtige Frage gehen: Wie verhalten sich zwei klassische Formen dieser Leidensmystik zum Umgang mit fremdem Leid? Zum einen handelt es sich um die Leidensmystik der biblisch-monotheistischen Traditionen, zum anderen um die Leidensmystik in den fernöstlichen, speziell in den buddhistischen Traditionen, die auch in der postmodernen Welt des Westens, in der Welt nach dem proklamierten „Tod Gottes" immer mehr Anhänger gewinnt.

Die Mystik der Bibel – in monotheistischen Traditionen – ist in ihrem Kern eine politische Mystik, näher hin eine Mystik der politischen, der sozialen Compassion. Ihr kategorischer Imperativ lautet: Aufwachen, die Augen öffnen! Jesus lehrt nicht eine Mystik der geschlossenen Augen, sondern eine Mystik der offenen Augen und damit der unbedingten Wahrnehmungspflicht für fremdes Leid. Dabei rechnet er in seinen Gleichnissen mit unseren kreatürlichen Sehschwierigkeiten, mit unseren eingeborenen Narzissmen. Er kennzeichnet uns als solche, die „sehen und doch nicht sehen". Gibt es womöglich eine elementare Angst vor dem Sehen, vor dem genauen Hinsehen, vor jenem Hinsehen, das uns ins Gesehene unentrinnbar verstrickt und nicht unschuldig passieren lässt? „Sieh hin – und du weißt".

Aus den Gründungslegenden des Buddhismus wird deutlich, dass auch Buddha in der Begegnung mit fremdem Leid sich wandelt, gewiss. Doch schließlich flieht er in den Königspalast in seinem Inneren, um in der Mystik der geschlossenen Augen die Landschaft zu finden, die immun ist gegen alles Leid. Demgegenüber ist die biblisch–monotheistische Mystik, ist die Mystik Jesu eine „schwache" und „verletzbare" Mystik. Jesus kann sich über die Landschaft des Leidens nicht erheben, seine Mystik mündet in einen Schrei. Und die Wege der Nachfolge führen in die Compassion.

Mag sein, dass viele ein solches Christentum der Compassion für vage Pastoralromantik halten. Gewiss, diese Compassion ist eine Übertreibung – so wie das Christentum, so wie die Nachfolge, so wie Gott –. In der Sprache einer in sich selbst verfestigten bürgerlichen Religion, die vor nichts so viel Angst hat wie vor dem eigenen Scheitern und dem Eingeständnis eigener Schuld, lässt sie sich nicht besprechen. Gibt es also für ein Christentum der Compassion, der gesteigerten Empfindlichkeit für fremdes Leid, überhaupt offene Ohren unter uns? Und wie steht es gerade um die jungen Menschen und ihr Verhältnis zu dieser Compassion? Ich kann da schließlich – inzwischen ermutigt durch das „Freiburger Experiment zur Compassion" – nur mit einer Gegenfrage antworten: Wem sollte man diese primäre Provokation der Botschaft Jesu und das Übertreibende an ihr zutrauen können? Wem sollte man die abenteuerliche Vorstellung zumuten können, für andere da zu sein, ehe man überhaupt etwas von ihnen hat? Wem könnte man die damit angebotene „andere Art zu leben" überhaupt anbieten? Wem, wenn nicht gerade jungen Menschen?

Anmerkung

„Erstabdruck in der Feuilleton-Beilage der Süddeutschen Zeitung, Weihnacht 1997: „Mit der Autorität der Leidenden. Compassion – Vorschlag zu einem Weltprogramm des Christentums."

Ethische, soziologische und pädagogische Überlegungen

Mitleid

Dietmar Mieth

Ein paar Stichproben in Lexika und Handbüchern können leicht zeigen, dass „Mitleid" weder in der Theologie noch in der Ethik ein zentrales Wort ist. Im Lexikon für Theologie und Kirche (kath. 1959) wird auf „Nächstenliebe" weiter verwiesen. Im ökumenischen „Wörterbuch des Christentums" (Gütersloh-Zürich 1988), immerhin über 1400 Seiten stark, findet sich für „Mitleid" zwischen „Mitbestimmung" und „Mittelalter" kein Platz. Die drei im Stichwortregister zu „Mitleid" angegebenen Stellen beziehen sich auf den Buddhismus, auf Schopenhauers Pessimismus (mit buddhistischer Quelle) und auf Albert Schweitzer. Eine nähere Entfaltung fehlt dabei. Auch das „Handbuch der christlichen Ethik" (zuletzt 1993) kennt zwischen „Mitbestimmung" und „Mitverantwortung" kein Stichwort „Mitleid".

Dabei ist, wie Hans Duesberg mit Recht bemerkt: „Mitleid(en) ... Lehnübersetzung der Mystiker aus lateinisch compassio, griechisch sympatheia, sprachwissenschaftlich ein *Kirchenwort.*" Dies findet sich unter dem Begriff „Mitleid(en)" im Praktischen Lexikon der Spiritualität (hg. v. C. Schütz, Freiburg i. Br. 1988). Dort heißt es ebenso deutlich, aber es bleibt eben die Ausnahme: „*Vernetzung des Leidens* im Mit-leiden ist zentrales Thema des Evangeliums. Biblisches Mitleid ... hat nichts zu tun mit Vorstellungen wie ‚aus Mitleid lieben oder töten'. Paulus verdeutlicht der Kirche, dass sie vom Leiden eines jeden in *Mitleidenschaft* gezogen wird: Wenn ‚ein Glied leidet, leiden alle Glieder mit' (1 Kor 12,26)."

Mitleid ist eine Übersetzung des lateinischen „com-passio". Bei der „compassio" wird man ursprünglich vier christliche Motive unterscheiden müssen: Die Barmherzigkeit des Vaters, wie sie sich in dem lukanischen Gleichnis vom verlorenen Sohn ausdrückt; die Leidens- und Todessolidarität des Sohnes, das Erbarmen des Samariters und die „compassio fraterna", die brüderliche Leidensgemeinschaft mit ihrer Aufgipfelung an der in der Mystik berühmten Stelle Röm 9,3: „Ich möchte von Christus getrennt sein um meiner Brüder willen."

Die Auslegung dieser Stelle geschieht in zwei Richtungen: Zum einen geht es um das Verhältnis von Gottes- und Nächstenliebe, wobei die Einsicht eine Rolle spielt, dass beides voneinander zum Nachteil der Nächstenliebe trennbar ist. Dass um der Nächstenliebe willen die Gottesferne in Kauf genommen wird, ist zwar eine hyperbolische Ausdrucksweise, dient aber dazu, die Wiedererkennung Christi in den Brüdern und Schwestern nach Mt 25 abzusichern. Auf der anderen Seite gehört die Stelle Röm 9,3 in ihrer Auslegungsgeschichte in das mystische Erleben der Gottesferne und Gottesfremde, das auch in Metaphern wie der „dunklen Wolke" (Gregor von Nyssa, die Wolke des Nichtwissens) und der „leeren Wüste" (Meister Eckhart) zum Ausdruck kommt. Aber diese mystische „black box" erscheint wiederum als Ermunterung zur praktischen Wende, in welcher immerhin in der sog. „Wirkeinheit" mit dem Wirken Gottes dessen Nähe zwar nicht erfahren, aber doch vollzogen wird.

Die „compassio fraterna" wird in den letzten Jahrzehnten in der politischen Theologie (vgl. J. Moltmann, Der gekreuzigte Gott) und in der Theologie der Befreiung als Solidarität mit den Armen und Leidenden gedeutet. Dabei stellt sich das Problem einer möglichen Unterscheidung zwischen einer Solidarität, die aus dem Teilen der gleichen Lebensumstände stammt, und die sich deshalb der unmittelbaren Bedrohung und Verfolgung nicht entziehen kann (z. B. die ermordeten Jesuiten von San Salvador), und einer Solidarität, die sich aus seelischer Sensibilität und Betroffenheit für die Armen und Leidenden einsetzt, ohne ihr Schicksal teilen zu müssen. Schon sprachlich ist es klar, dass die Tradition der „compassio" eher mit der ersteren Solidarität, der Con-Solidarität, als mit der Zweiten der Pro-Solidarität, in Zusammenhang gebracht werden muss.

Christliche Mitleidsethik hat sich aber nicht nur in Richtung auf die Option für die Armen und die Solidarität mit den Leidenden entwickelt. Das „Seufzen der Kreatur" spielt in ihr ebenfalls eine gewichtige Rolle. So wie christliche Erlösung und Befreiung im Grundgedanken der „compassio fraterna" zusammengezogen sind, so entspricht das Mitleid mit der Kreatur dem theologischen Grundgedanken aus der Schöpfungstheologie, der „Mitgeschöpflichkeit" (zuerst Huldrych Blanke). Hierhin gehört auch die Mitleidsethik eines Albert Schweitzer, die den sozialen Zusammenhang zwar betont, aber auf das Mitleiden mit der Schöpfung hin ausdehnt. Dabei ist eine Mitleidsethik nicht in dem Sinne normativ gemeint, dass sie Wertvorzugsurteile in Konfliktsituationen festschreibt, sie ist eher haltungsethisch pointiert in dem Sinne, dass „Mitleid" als Maxime gilt, die man auch in Stresssituationen aufrechtzuerhalten versucht. Die neuerdings in der Philosophie vorgenommene Betonung der

Haltungsethik oder Tugendethik (vgl. A. McIntire, Ch. Taylor) bzw. einer Strebensethik (vgl. H. Krämer) zeigt auf, dass man das ethische Verhalten nicht immer von den Konflikten und den Extremfällen her bestimmen darf. Hans Krämer (Integrative Ethik, Frankfurt a. M. 1992, S. 41) formuliert dazu: „Die strebensethische Umdeutung des moralischen Sollens in der Gegenwart entspringt gewiss – wie schon … in der antiken Aufklärung – der Erfahrung, dass die Motivationskraft des Moralischen im Abnehmen begriffen ist und sich allenfalls in der Form affektiver Motive der *Solidarität* und *Sympathie* konservieren lässt, sofern nicht überhaupt sanktionistische Rechts- und Zwangsordnungen (mit dem zugehörigen Klugheitskalkül) an ihre Stelle treten. „Zweifellos gibt es Motivationsweisen, die – wie eben die sympathetischen – auf der Grenzlinie zwischen moralischer Nötigung und eigenem Streben zu stehen scheinen und die sich daher dazu anbieten, den Hiat zwischen Sollen und Eigenwollen zu überbrücken." (Integrative Ethik, Frankfurt a. M. 1992, S. 41) Hans Krämer meint freilich, dass die unvermeidliche Parteilichkeit der Sympathieethik, die damit gegebene Einschränkung ihrer Reichweite und Verlässlichkeit „ein notorischer moralphilosophischer Topos" sei. Schopenhauers Mitleidsmoral, Nietzsches Entwurf einer „Schenkenden Tugend" und andere Konzepte einer pflicht- und sanktionsfreien Moral gehen von Imperativen aus wie: „Schade niemanden, sondern hilf allen, soweit du kannst." (Schopenhauer, Preisschrift über die Grundlage der Moral § 7, sämtl. Werke IV, (103–275), Leipzig 1916). Das ist die moralische Motivation im Gegensatz zum Egoismus. Sie entspricht Fürsorgeethiken wie z. B. der Arztethik. Für die Ethik von Institutionen ist eine Motivationsethik freilich unzureichend. Sie hat freilich große Bedeutung, weil sie von der gemeinsamen Leidensfähigkeit höherer Lebewesen ausgeht, für die medizinische Ethik und für die Sympathieethik. (vgl. dazu E. Tugendhat, Vorlesungen über Ethik, Frankfurt 1993, 177–196.) Die Einschränkung der Mitleidsethik schließt nach H. Krämer Aufgaben der Anleitung seitens einer Sympathieethik nicht aus, die anrät, einschlägigen Regungen nachzugehen, sie zu kultivieren und zu verteidigen oder Regulative der Anwendung und Ausführung zu praktizieren. Nur in solchen Ethiken, in denen Sympathie – oder die Herstellung ihrer Bedingungen – uneingeschränkt für Jedermann geboten und verbindlich gefordert wird, wie gelegentlich in der christlichen Liebesethik … „erreicht die Sympathieethik die Unbedingtheit und die Allgemeingültigkeit der Moralphilosophie, verliert aber eben damit auch die spezifischen Vorzüge der Spontaneität und Eigeninitiative wieder, die sie vor einer abstrakten Pflicht- und Verantwortungsethik empfohlen hatten."

In dieser kurzen und dichten Zusammenfassung der Vorzüge und der Kritik einer Mitleidsethik (hier Sympathieethik genannt) ist die philosophisch-ethische Diskussion enthalten, die um Schopenhauer kreist. Schopenhauer hatte formuliert: „Mitleiden ist also, wenn es sich durch die That als ächt bewährt, Tugend. Eine der größten Schwächen und Fehler Kants ist, dass er dies leugnet und nur die aus abstrakten Maximen, ja aus dem abstrakten Begriff eines *kategorischen Imperativs* hervorgegangenen guten Handlungen für Tugend hält. Das ist ebenso, als wenn Einer lehrte, nur das nach den abstrakten Grundsätzen und Regeln einer Ästhetik verfertigte Kunstwerk sei schön. Vielmehr ist von jenem wie von diesem das gerade Gegentheil wahr. Der Begriff (die Vernunft) ist als *Quelle* für die Tugend wie für die Kunst völlig unfruchtbar, obwohl er in beiden oft täuschende Aftergeburten erzeugt. Als Mittel aber und Werkzeug ist er in beiden nützlich, ja zur Ausführung nothwendig." (Werke, ed. A. Hübscher, München 1985, I, 295). Der Ausdruck „Quelle", den Schopenhauer hier benutzt, entspricht dem Wort „Motiv" in der Passage von Hans Krämer. Aber eine Motivethik, oder den sog. „Emotivismus", gegen die Vernunftethik zu stellen, ist deshalb problematisch, weil das moralische Verhalten zwar intuitive und emotionale Quellen kennt, diese aber reflexiv überprüfen muss, denn sie bleiben, wie alle spontanen Antriebskräfte, zweideutig.

Friedrich Nietzsche hat der Moral des Mitleids die große Tradition der Moral der Güte gegenübergestellt. Während er von der einen annahm, dass sie vom Ressentiment und einem geheimen Willen zur Macht geprägt sei, der sich der Motive des anderen Menschen zu seinem eigenen Vorteil bediene, ist seine Moral der Güte, die aus der Stärke der Bereitschaft, Leid zu bestehen, kommt, durchaus mit den klassischen Traditionen der Philosophie und des Christentums zu vereinbaren, wie Walter Kaufmann gezeigt hat (vgl. Nietzsche, Darmstadt 1982, S. 423–432). Nietzsche kennt zwei Arten von Mitleid, das Mitleid, in dem der Mensch im Hinblick auf seine Endlichkeit und Geschöpflichkeit betrachtet wird, und das Mitleid, das dem Menschen als Schöpfer und Mitschöpfer seiner selbst und seiner eigenen Welt gilt. Im ersten Fall, so meint er, solle das Leid zugunsten einer Kultur der Behaglichkeit der letzten Menschen, die das Vergnügen lieben, ausgetrieben werden, und er hat eine Vision vor sich, in dem ein Mensch zum „Krankenhauswärter" des anderen wird, im zweiten Falle sieht er das Leiden als erzieherische Kraft zum Mitschöpfertum des

Menschen, und er sieht eine Stärke darin, sich in dieses Leiden einzufügen, es als Steigerung und nicht als Schädigung zu erfahren. Was in der philosophischen Tradition eine vernünftige Kontrolle unserer spontanen Antriebskräfte ist, wird bei Nietzsche in einer gleichsam psychologischen Reflexion noch ein Mal unterbaut: Eine Mitleidsethik bedarf einer fortschreitenden reflexiven Kontrolle und Reinigung, damit die in ihr enthaltenen Kräfte nicht eine blinde Energie entfalten, sondern allererst ihre moralische Taufe erfahren, d. h. durch die Krisis und Kritik des scheinbar Spontanen und „Natürlichen" hindurchgegangen sind.

Die ursprünglichen vier Motive der christlichen „compassio", die Barmherzigkeit des Vaters, die Leidenssolidarität des Sohnes, das Erbarmen des Samariters und die brüderliche Leidensgemeinschaft werden in der christlichen Ethik im Sinne einer Moral der Güte und Barmherzigkeit interpretiert, in welcher die Erkenntnis die Liebe reinigt und vorantreibt, wobei letztlich doch nicht das emotionale Motiv, sondern die Vernunft die Führung in der Ethik übernimmt.

Anmerkung

Bibliografische Notiz: Der Text wurde erstmals in der Zeitschrift Reformatio 43 (1994) 395–398 veröffentlicht.

Diakonie der Versöhnung – eine Perspektive sozialer Verantwortung

Theodor Strohm

Versöhnung: Gabe Gottes – Quelle neuen Lebens

Wenn wir von der „Diakonie der Versöhnung" sprechen, dann meinen wir damit das biblisch bezeugte Ereignis der Versöhnung. Der griechische Begriff für Versöhnung, „katallage", bedeutet im emphatischen Sinne volle Veränderung bzw. Erneuerung, neue Kreatur (2 Kor 5,17). Die Erneuerung als neue Seinsweise ermöglicht eine neue Beziehung des Menschen zu Gott, zu sich selbst, zum Mitmenschen und der ganzen Schöpfung. Durch diese neue Seinsweise, die uns Gott schenkt, und die daraus folgende neue Beziehung entsteht Versöhnung. Das Ereignis der Versöhnung liegt somit allen menschlichen Bemühungen um die Gestaltung von Kirche und Wirklichkeit voraus. Die Diakonia der Versöhnung (2 Kor 5,18) ist der grundlegende Auftrag, der allen Differenzierungen in Ämter und Dienste, in Verkündigung und sozialer Arbeit vorausliegt. Die Versöhnung ist Grund und Ziel aller Wege Gottes mit der Menschheit und der ganzen Schöpfung. Sie ist die „Gabe Gottes und Quelle neuen Lebens".

Die Versöhnung ist kein rein juristischer Tatbestand, denn sie impliziert einen wirklichen Wandel in den Menschen, ein neues Leben, das dem göttlichen Willen entspricht. Diese Versöhnung umfasst nicht nur die Menschen, sondern die ganze Schöpfung (Röm 8,22–23; Kol 1,20). Die biblischen Schöpfungsberichte sehen das Verhältnis von Mensch und Natur nicht als ein selbstverständliches, harmonisches Gleichgewicht, sondern als einen Konflikt, der durch die Schuld des Menschen verschärft ist. In diesem Konflikt soll und muss der Mensch die bestmöglichen Regelungen finden und verwirklichen. Dazu gehört, dass er die rücksichtslos selbstsüchtige Gewalt, mit welcher er der Mitkreatur unnötige Opfer auferlegt und ihre kreatürliche Angst steigert, einschränkt, zurücknimmt.

Der Apostel Paulus sagt (vgl. Röm 8,19), die Kreatur warte in ängstlichem Harren darauf, dass Gottes Kinder offenbar werden, sichtbar hervortreten. Die Erwartung der Kreatur richtet sich darauf, dass der versöhnte Mensch auch der Kreatur in ihrer Angst und Not zum Helfer bei ihrem Freikommen von tödlicher Knechtschaft wird. Was damit vom Apostel ausgesprochen ist, können wir wohl in unserer heutigen Denkweise und Weltanschauung nur anfangsweise ahnen.

Es ist der These der Konferenz Europäischer Kirchen (KEK) und der Katholischen Europäischen Bischofskonferenz (CCEE) zuzustimmen, die anlässlich der zweiten europäischen ökumenischen Versammlung in Graz im Juni 1997 gemeinsam festgestellt haben: „Wenn wir also Versöhnung als ‚Gabe Gottes‘ bezeichnen, dann meinen wir nicht irgendein Geschenk unter anderen, sondern das Mysterium der Selbstmitteilung Gottes in seinem Sohn. Damit konzentrieren wir uns auf das Geheimnis, dass Gott in Jesus als dem Christus Mensch geworden und in der Schöpfung gegenwärtig ist. Wir vertrauen darauf, dass die Kraft dieser Liebe, das ‚pneuma‘ des Christus, unter uns lebendig und wirksam ist. Diesen guten und heiligen Geist bezeichnen wir als die Energie der Versöhnung, als Kraft der Veränderung, die durch und durch geht, wie es das griechische Wort für Versöhnung ‚katallagé‘ von seinem Wortsinn her nahe legt. Daher erkennen wir, obgleich wir doch alle Spuren der Unversöhntheit an uns tragen, schon in unserer Sehnsucht nach Versöhnung den Anhauch der Gotteskraft (vgl. Röm 8,26 f.). Und wir verlassen uns darauf, dass in und mit der Gegenwart dieses Geistes Gottes Versöhnung zu einer geschichtlichen Möglichkeit wird. Gott gibt die Versöhnung als eine konkrete Möglichkeit in die Geschichte der Menschen hinein."

Kirche als Versöhnungsgeschehen

Mit Recht gelten Martyria (Zeugnis), Diakonia (Dienst) und Koinonia (Gemeinschaft) als die grundlegenden Lebensäußerungen der Christenheit. Versöhnung ist ihr gemeinsamer Lebensgrund. Die Verkündigung artikuliert das Versöhnungsgeschehen je und je und weckt dadurch neue Hoffnung. Die Diakonie intendiert durch ihr konkretes Handeln, dass Getrenntes versöhnt wird, ausgegrenztes, preisgegebenes Leben Beistand erfährt. Koinonia ist die Gemeinschaft von Menschen, die sich in die Dynamik von Gottes universalem, alle Grenzen übergreifendem Eintreten für seine von Zerstörung bedrohte Welt hineinnehmen lassen. Christliche Gemeinde wird so selbst zum Versöhnungsgeschehen.

Gegenüber dem gelegentlich geäußerten Missverständnis, es ginge bei Paulus in 2 Kor 5 nur um das „Wort von der Versöhnung", hat Karl Barth in seiner „Versöhnungslehre" mit Recht darauf hingewiesen,

„dass der Dienst der Versöhnung als Dienst der Gemeinde sowohl ‚Sprechen' als auch ‚Handeln' umfasst" und dass er sich „von seinem Ursprung her unter allen Umständen auf diesen zwei Linien zu bewegen hat ... und auf der einen nicht weniger als auf der anderen, sondern auf beiden mit gleichem Ernst und Nachdruck". Es ist ein schweres Versäumnis, wenn heranwachsende Christen, die durch ihre Taufe die Bevollmächtigung zur Existenz als neue Kreatur erhalten haben, nicht angeleitet werden, ihre Gaben in den Dienst der Versöhnung zu stellen und Verantwortung für ihre Mitwelt zu übernehmen. Biblisch gesprochen heißt dies, die eigenen Gaben entdecken lernen und diese mit den Gaben des Heils verbinden. Die Versöhnung in die Welt hineintragen heißt Eintreten für Leben, Freiheit, Gerechtigkeit, Frieden (Röm 14,17) und eröffnet zugleich Zugang zu verantwortlichem Leben.

Der ganze Ernst christlicher Existenz wird dadurch deutlich, dass einerseits bei der Verantwortung, in die Menschen hineinwachsen, von diesem produktiven Aspekt der Beauftragung des neuen Menschen auszugehen ist. Andererseits gilt: „Wir alle werden offenbar werden müssen vor dem Richterstuhl Christi, auf dass ein jeglicher empfange nach dem, was er getan hat bei Lebzeiten, es sei gut oder böse" (2 Kor 5,10). Damit wird die Einsicht begründet, dass das ganze Leben Vorbereitung auf diese alles entscheidende Verantwortung sei. Das weit ausholende Gemälde von der Scheidung der Böcke und der Schafe (Mt 25) war neben dem Gleichnis vom barmherzigen Samariter schon immer die Magna Charta der christlichen Liebestätigkeit. Der Evangelist gibt dem Text ein unverlierbares Gewicht, indem er ihn als letztes Vermächtnis des zum Kreuze gehenden Weltenrichters einordnet.

Der Richter identifiziert sich zunächst mit den Hungernden, Dürstenden, Kranken und Gefangenen und fällt von da aus seinen unwiderruflichen Entscheid: „Was ihr einem dieser meiner geringsten Brüder getan (oder auch nicht getan) habt, das habt ihr mir angetan (oder auch nicht)" (Mt 25,40.45). Hier kommt die ganze diesseitige Stoßrichtung der Botschaft vom Reiche Gottes zum Tragen: Die gehörte Lehre vollendet sich in der Liebe oder stößt ins Bodenlose. Dieser Vorstoß in die Not der Welt des menschlichen Leidens lässt die Frage verblassen, ob sich das Gericht an den unwissenden Völkern (Herr, wann haben wir dich gesehen?) oder an den (durch Mitteilung der Botschaft) wissenden Jüngern vollzieht. Am Umgang mit dem leidenden Mitmenschen wird sowohl der Glaube der Christen wie auch der Humanismus der Nichtchristen gemessen.

Schon der Kirchenvater Chrysostomos hat auf eine Einzelheit hingewiesen, die aber häufig übersehen wird. Von denen, die vor dem Richter erscheinen, wird kein „heroischer Einsatz" gefordert. Eine einzige schlichte Handreichung genügt zum Freispruch. Es ist gesagt: „Ich war krank, und ihr habt mich besucht", nicht aber: „Und ihr habt mich geheilt." Und ebenso: „Ich lag gefangen, und ihr seid zu mir gekommen", nicht aber: „Und ihr habt mich befreit." Ausgerechnet Chrysostomos, der sich nicht scheute, in seinen Predigten die politischen und sozialen Missstände am byzantinischen Kaiserhof zu geißeln und der dafür auch mit seinem Leben bezahlte, hat auf diese Einzelheit hingewiesen. Entscheidend ist die ganz menschliche Tat, die zu den von anderen Menschen preisgegebenen Notleidenden und Ausgegrenzten führt. Indem der Weltenrichter so und nicht anders richtet, enthüllt er sich als der doppelt Barmherzige, der sowohl die Partei des Leidenden ergreift, als auch die Begrenztheit des Helfers berücksichtigt.

Eintreten für „Verantwortliche Gesellschaft"

Gottesdienst und Mitverantwortung für den Mitmenschen sind in der Bibel nicht nur unlösbar verbunden, sondern Jesus ordnet im Zweifel die konkrete Handlung am Nächsten der gottesdienstlichen Handlung vor. „Wenn du deine Gabe auf den Altar darbringen willst und wenn du dich dabei erinnerst, dass dein Bruder etwas wider dich hat, so lass dort deine Opfergabe vor dem Altar und gehe zuerst und versöhne dich mit deinem Bruder und erst dann gehe hin und bringe deine Gabe dar" (Mt 5,23 f.). Ich kann nicht Frieden mit Gott haben, ohne meiner Verantwortung gegenüber dem Bruder gleichzeitig nachzukommen. In der Verantwortung des Christen liegt es, für das Leben des Mitmenschen Sorge zu tragen. Unter den Bedingungen des neutestamentlichen Zeitalters bedeutete dies zumeist aktuelle und spontane Hilfe in Notsituationen. Es bedeutete aber auch für die Gemeinden in Griechenland: Kollekte für die Armen der Gemeinde in Jerusalem. Schließlich bedeutete es für die Gemeinde in Rom – so wie Paulus es in Röm 13,1–7 auslegt – Einordnung in die bestehenden politischen Ordnungen um des Gewissens willen, weil die politischen Gewalten dazu bestimmt sind, dass sie dem Menschen zugute tätig werden. Dreimal verwendet Paulus in diesem Zusammenhang den Begriff „diakonein" und verweist damit auf die

„Dienstfunktion" des politischen Gemeinwesens im Gegensatz zu einer so nicht akzeptierten „Herrschaftsordnung".

Unter den modernen Lebensbedingungen ist die Verantwortung für den Mitmenschen nicht auf die direkten und spontanen Aktionen gegenüber Notleidenden zu beschränken; denn heute ist das Leben des Menschen viel stärker durch die politischen und gesellschaftlichen Strukturen bestimmt. Dienst am Mitmenschen wird sich also in hohem Maße an der humanen Gestaltung der Strukturen und in der Beseitigung oder Überwindung destruktiver Strukturen realisieren. Man muss heutzutage begreifen, dass Liebe in und durch Strukturen wirksam wird. Die neue Qualität unserer Lebensbedingungen ist es also, die uns nötigt, die neutestamentlichen Aussagen auf ihre Grundintentionen hin zu durchforschen und diese Grundintentionen in die modernen Lebensbedingungen zu übertragen.

Hier bekommt der ökumenische Leitbegriff der „responsible society" seinen aktuellen Sinn. Die soziale Verantwortung der Christen ist nicht etwas, was noch dazukommen kann, sondern integrale Verpflichtung der Christenheit. Es gehört zu den kirchengeschichtlichen Ereignissen der Nachkriegszeit, dass die Weltmissionsbewegung in ihrer so genannten „Lausanner Verpflichtung" (1979) den diakonischen Auftrag ausdrücklich erweitert und in den gesellschaftlichen und politischen Raum hinein bestimmt hat. Im fünften Artikel heißt es:

„Wir bekräftigen, dass Gott zugleich Schöpfer und Richter aller Menschen ist. Wir müssen deshalb seine Sorge um Gerechtigkeit und Versöhnung in der ganzen menschlichen Gesellschaft teilen. Sie zielt auf die Befreiung der Menschen von jeder Art von Unterdrückung. Da die Menschen nach dem Ebenbild Gottes geschaffen sind, besitzt jedermann, ungeachtet seiner Rasse, Religion, Farbe, Kultur, Klasse, seines Geschlechts oder Alters, eine angeborene Würde. Darum soll er nicht ausgebeutet, sondern anerkannt und gefördert werden. Wir tun Buße für dieses unser Versäumnis und dafür, dass wir manchmal Evangelisation und soziale Verantwortung als sich gegenseitig ausschließend angesehen haben. Versöhnung zwischen Menschen ist nicht gleichzeitig Versöhnung mit Gott, soziale Aktion ist nicht Evangelisation, politische Befreiung ist nicht Heil. Dennoch bekräftigen wir, dass Evangelisation und soziale wie politische Betätigung gleichermaßen zu unserer Pflicht als Christen gehören. Denn beide sind notwendige Ausdrucksformen unserer Lehre von Gott und dem Menschen, unserer Liebe zum Nächsten und unserem Gehorsam gegenüber Jesus Christus."

Hier wird der Begriff der „verantwortlichen Gesellschaft" mit klaren inhaltlichen Perspektiven versehen. Zum Ausdruck kommt die positive Aufgabe der Gestaltung der Gesellschaft und des Gemeinwesens, die zu beschreiben ist als die Bereitstellung, Sicherung und dynamische Entwicklung von Lebensmöglichkeiten, sowohl für die Angehörigen des eigenen Gemeinwesens wie auch für das Zusammenleben der verschiedenen Völker und Staaten. Die Ausübung, die Verteilung und die Kontrolle von Macht hat in den Dienst dieser Aufgabe zu treten. In diesem Sinne konnte z. B. Bismarck die von dem preußischen Oberbeamten und Mitglied des Central-Ausschusses der Inneren Mission, Theodor Lohmann, vorbereitete Sozialgesetzgebung der 80er Jahre des vorigen Jahrhunderts als „praktisches Christentum in gesetzlicher Gestaltung" propagieren.

Verständigung über Prioritäten

Wir brauchen heute eine Verständigung über Prioritäten christlicher Verantwortung in der zur Einheit zusammenwachsenden Welt. Wir können uns darüber verständigen, dass wir in Mt 25 ganz klar gesagt bekommen, wer heute unsere Nächsten sind. Wir haben heute ganz andere Möglichkeiten, diese zu sehen, ihnen zu begegnen und ihnen konkrete Hilfe zu leisten. Diesem Auftrag nicht gerecht zu werden ist die Schuld der Christenheit, für die sie zur Rechenschaft gezogen wird.

– Wir wissen z. B. heute, wo und in welchem Ausmaße Menschen Hunger leiden. Wir haben die Möglichkeiten, dafür zu sorgen, dass kein Mensch notwendigerweise an Hunger zugrunde geht.
– Wir haben nicht zuletzt in Deutschland erlebt, dass Menschen bzw. ganze Menschengruppen wegen ihrer religiösen Überzeugungen, ihrer Hautfarbe oder weil sie etwa behindert oder gebrechlich sind, ausgegrenzt, in Lager verschleppt oder sogar ausgemerzt werden. Es liegt in der Mitverantwortung der Christenheit, dafür Sorge zu tragen, dass sich solche Ereignisse nicht wiederholen.
– Wir erleben auch heute wie in den vergangenen Jahrhunderten, dass Konflikte unter Menschen bzw. Völkern mit Gewalt und mit den schrecklichsten Waffenpotenzialen ausgetragen werden. Wir wissen auch, dass notwendigerweise Zustände extremer Not subversive Gewalt, Hass, internationale Unsicherheit und zerstörende Kriege hervorbringen.

- Wir kennen aber auch die Nebenwirkungen in der Form massenhafter Flucht und Vertreibung von wehrlosen Familien in aller Welt. Es ist die Aufgabe der Christenheit, an der Überwindung der Ursachen aktiv zu arbeiten und diejenigen ökonomischen, gesellschaftlichen und politischen Lebensbedingungen mit herbeiführen zu helfen, welche die Ursachen und Antriebe zu solchen Kriegen beseitigen. Dazu gehört auch die interreligiöse Versöhnungs- und Verständigungsarbeit.

- Einigkeit besteht in der ganzen Christenheit, „dass die menschliche Arbeit ein Schlüssel und wohl der wesentliche Schlüssel in der gesamten sozialen Frage ist, wenn wir sie wirklich vom Standpunkt des Wohls für den Menschen betrachten wollen" (Enzykl. „Laborem Exercens", 1981). „Bezahlte Arbeit bildet die wichtigste Grundlage, nach der das Leben der Individuen, die Familien und die Gesellschaft organisiert sind." (Vgl. UN-Weltpakt für wirtschaftliche, soziale und kulturelle Rechte vom 10.12.1966, Art. 6.) Ist die Organisation menschenwürdiger Arbeitsverhältnisse eine Aufgabe, an der Caritas und Diakonie sich zu beteiligen haben, oder wollen wir sie anderen überlassen?

Diesen grundlegenden Aufgaben kommt heute wie zu allen Zeiten unbedingter Vorrang zu, und sie erfordern unter den Bedingungen der Weltgesellschaft vollständig neue Formen der Hilfe und präventiver Intervention. Man hört den Einwand, diese gewaltigen Aufgaben überfordern die Kirchen und ihre Diakonie. Dies ist zwar verständlich, aber wir geben zu bedenken, dass Christsein in dieser vom Verfall in den Abgrund bedrohten Welt mehr bedeutet als Bekundung des guten Willens. Die Formel „global denken – lokal handeln" hat ihre Berechtigung. Denn es gilt, erst ein Mal vor der Haustüre, im lokalen Umfeld der Ortsgemeinde Lösungen für die grundlegenden Probleme zu erproben. Ja, es sollte sogar ein Wettbewerb um die bewährtesten Lösungen in Gang kommen, damit gute Erfahrungen an einem Ort auch an einem anderen Ort aufgegriffen werden („benchmarking"). Als Beispiel sei das „Observatorium der Armut" genannt. Die Idee entstand 1983 auf dem nationalen Kirchenkongress in Loreto, sie wurde von der italienischen Bischofskonferenz aufgegriffen und nach gründlicher Vorarbeit wurde der „Ossavatorio delle poverta" zum wichtigsten Anliegen der Caritas Italiana der letzten Jahre. Auf allen Ebenen, nicht zuletzt aber für die diakonische Arbeit auf der lokalen Ebene, im Nahbereich, dient das Instrumentarium nicht nur zum Sammeln von Daten, sondern auch zur „Interpretation der geschichtlichen Situation des Menschen im Lichte des christlichen

Glaubens." Die Aufgabe – gerade auch im Blick auf die Armut in der Welt –, vor der wir im kommenden Jahrhundert stehen, heißt: Wie kann die Christenheit global handeln? Welche Modelle der Kooperation und Intervention sind zu erarbeiten und umzusetzen? Johann Baptist Metz hat mit dem Stichwort „Compassion" einen Vorschlag für ein „Weltprogramm des Christentums" unterbreitet. Diese wichtige Überlegung fügt sich unseres Erachtens in die Perspektive der Diakonie der Versöhnung ein, bildet diese doch den heilsgeschichtlichen Rahmen für eine anthropologisch und ethisch zu bestimmende Position der Christenheit. Metz hält das Wort „Compassion" für unübersetzbar. Es soll die elementare Leidempfindlichkeit der christlichen Botschaft wie ihre Orientierung an der Gerechtigkeit zum Ausdruck bringen. „Compassion ist das Schlüsselwort für das Weltprogramm des Christentums; Compassion – das ist in meinen Augen die biblische Mitgift für den europäischen Geist, so wie die theoretische Neugierde die griechische Mitgift und das Rechtsdenken die römische Mitgift für Europa ist. Fremdes Leid wahrzunehmen und zur Sprache zu bringen, ist die unbedingte Voraussetzung aller künftigen Friedenspolitik, aller neuen Formen sozialer Solidarität angesichts des eskalierenden Risses zwischen Arm und Reich und aller verheißungsvollen Verständigung der Kultur- und Religionswelten."

Metz fragt: Braucht die Welt und ihre Politik nicht auf eine neue Weise das in den Religionen der Menschheit akkumulierte Leidensgedächtnis? Das fragt er nicht, um einer traumtänzerischen Gesinnungspolitik oder gar einer fundamentalistischen Religionspolitik das Wort zu reden, sondern um eine „gewissenhafte Weltpolitik" – in der Stunde großer Gefahr – zu stützen. Das Christentum hätte hier unbedingt sein „Weltprogramm der Compassion" aufzubieten.

Diakonisch-soziales Lernen – Aufgaben für die Zukunft

In den von verschiedenen Seiten vorgelegten Projekten des „sozialen Lernens" werden einerseits ethische Aspekte „zur Förderung des Gemeinwohls" hervorgehoben, Orientierungen an „Gerechtigkeit und Fairness", „Hilfsbereitschaft und Toleranz". Andererseits werden Empathiefähigkeit sowie die „Aneignung von sozialen Kompetenzen" genannt.

Dass heute solche Sozialisationsvoraussetzungen eingeübt werden müssen – auch jenseits von Familien- und Gemeindeverbänden – ist zweifellos richtig. Der Ansatz würde aber zu kurz greifen, wenn übersehen wird, dass die soziale Segregation in modernen Gesellschaften bereits so weit fortgeschritten ist, dass ein völlig neues Konzept integrativen Lebens angestrebt werden muss. Ulrich Bach hat in seinem Buch „Getrenntes wird versöhnt" (1991) schwere Anklage gegen Theologie und Kirche geführt, nämlich dass sie es zugelassen haben, dass behindertes Leben durch systematische Segregation doppelt behindert wird. Von Kirche und Diakonie wird hier ein genereller Umkehrprozess verlangt, der in eine Perspektive sozialen Lernens mitaufgenommen werden muss. Ähnliche Fragen stellen sich anderen von Ausgrenzung bedrohten sozialen Gruppen gegenüber auch. Es geht nicht zuletzt um Prozesse intergenerativer Integration, in die Jugendliche einbezogen werden sollen. In diesem weiter reichenden Sinne benötigen wir „neue soziale Lernarrangements, in denen das Soziale erfahren, erlebt, erprobt und praktiziert werden kann" (Th. Rauschenbach).

Das Modellprojekt „Compassion" hat in diesem Sinne zweifellos eine Vorreiterfunktion. Erfreulicherweise lassen sich einige Beispiele auch aus dem evangelischen Bereich nennen, die inzwischen evaluiert sind. So z. B. das „Caritas-/Diakonie-Projekt" an der Elisabeth von Thadden-Schule als evangelischer Schule in freier Trägerschaft in Heidelberg. Dort wird mit dem gesamten elften Schuljahrgang ein 14-tägiges diakonisches Praktikum durchgeführt und von den Lehrerinnen und Lehrern begleitet sowie in den Unterrichtsablauf des Schulhalbjahres integriert. Die Evaluation dieser seit 1994 verbindlich eingeführten Schulveranstaltung hat gezeigt, dass hier grundlegende neue Einstellungen bei Eltern, Lehrern und Schülern in Richtung sozialer Kompetenz und Verantwortung hervorgerufen werden (vgl. hierzu Britta von Schubert, Diakonie in Schule und Unterricht, in: danken & dienen. Arbeitshilfe für Verkündigung, Gemeindearbeit und Unterricht, Stuttgart 1998, S. 88–95).

Perspektivwechsel in der sozialen Arbeit

Neben dem oben erwähnten Segregations-Theorem wird heute insbesondere das Individualisierungs-Theorem zur Beschreibung neuer sozialer Ausgangsbedingungen herangezogen. Individualisierung beschreibt Ulrich Beck in drei Dimensionen: Als Herauslösung aus historisch vorgegebenen Sozialformen und -bindungen im Sinne traditioneller Herrschafts- und Versorgungszusammenhänge (Freisetzungsdimension); als Verlust an traditionalen Sicherheiten im Hinblick auf Handlungswissen, Glauben und leitende Normen (Entzauberungsdimension); als Entwicklung neuer Formen eigenverantworteter sozialer Einbindung in Wahlverwandtschaftsfamilien, sozialen Netzen etc. (Kontroll- und Reintegrationsdimension). Die Konsequenz solcher Ausgangsbedingungen ist, dass wachsende Defizite in den integrativen Lebensformen und sozialen Beziehungen nur durch gesellschaftlich geförderte Netzwerkstrukturen, bürgerschaftliches Engagement und Einübung in Verantwortung überwunden werden können.

Die Diskussion um die Zukunft der Sozialarbeit bewegt sich heute auf einen Perspektivwechsel zu. Bislang wurde Sozialarbeit überwiegend erst dann tätig, wenn soziale Probleme der Betroffenen (Familien, Kinder, Jugendliche, Alte, Obdachlose, Arme) offensichtlich wurden. Soziale Dienste arbeiten professionell und problemorientiert meist an der Lösung von Einzelfällen. Trotz aller Ansprüche und bislang noch theoretisch gebliebener Handlungsprinzipien, nämlich offensiv, präventiv, aktivierend und strukturell verändernd tätig zu sein, ist soziale Arbeit bisher nicht über Reaktions- und Lückenbüßerfunktionen hinausgekommen. Es fehlen längerfristige, sozialräumliche, umfassende und damit zielgruppenabhängige Lösungsansätze, z. B. durch Aufbau sozialer Netzwerke, die soziale Unterstützung sowohl in präventiver als auch kurativer und rehabilitativer Weise wirksam werden lassen. Zugleich müsste die einseitige Orientierung an professioneller Sozialarbeit zugunsten eines breiten Spektrums freiwilliger, von professionellen Kräften angeleiteter sozialer Arbeit entwickelt werden. Aus dieser erweiterten Perspektive entspringen eine Fülle neuer Aufgaben und Handlungsfelder für bürgerschaftliches Engagement und freiwillige soziale Dienste, nicht zuletzt auch für den Bereich des sozialen Lernens.

Diakonie und Caritas sind heute herausgefordert, „Rechenschaft von der Hoffnung, die unter ihnen ist" so zu geben, dass sie hellhörig für neue Entwicklungen sind und neue Modelle sozialen Lernens und Handelns erproben. In einer so weit gespannten Hoffnungsperspektive sollte deutlich werden, dass Christsein heute Chance und Verpflichtung zugleich ist.

Wir sollten an unseren Heranwachsenden nicht schuldig werden, sondern ihnen konkrete Handlungs- und Lebensperspektiven aufzeigen, in die sie hineinwachsen und in denen sie ihr Christsein bewähren können. In seiner lehrreichen Einleitung zu Philippe Ariés „Geschichte der Kindheit" (1975) hebt Hartmut von Hentig u. a. hervor, worauf es heute in der Pädagogik ankommt: Vor allen Bemühungen um Bildung, Aktivitäten und Motivationen müsse „die Gelegenheit zu notwendigem, gemeinsamen begründetem Handeln" stehen. „Sachen, Aufgaben, der Ernstfall müssen einen größeren Teil der pädagogischen Wirkungen tun als Belehrung." Zumutung (Herausforderung), Einübung (Gewöhnung) und Vorbild (die Möglichkeit der Identifikation) seien die vorrangigen pädagogischen Kategorien, „hierzu gehört die Einbeziehung der Kinder und Jugendlichen in die Arbeit und Politik". Angesichts der Tatsache, dass die primäre Sozialisation von Kindern und Jugendlichen gegenwärtig stark fragmentarische Züge trägt, kommen auf die schulische Bildung und Erziehung zusätzliche Aufgaben von erheblicher Bedeutung zu.

Formen und Voraussetzungen von Solidarität heute

Michael N. Ebertz

Mit und nach dem Zusammenbruch des sozialistischen Geschichts-experiments ist die Idee des Marktes als zentraler Topos des Pro-gramms der liberalen Aufklärung, das jedem und jeder das Recht und die Möglichkeit einräumt, das eigene Glück zu verfolgen, offen-sichtlich dabei, sich weltweit durchzusetzen und ihren historischen Siegeszug anzutreten. Der ökonomischen Theorie der Bedürfnisse entsprechend, kann unter Marktbedingungen ein jeder – und freilich auch eine jede – als Nachfrager auftreten und ein Angebot eintau-schen, dessen er bedarf, und kann eine effiziente Befriedigung seiner Bedürfnisse erwarten. Auch und gerade in unseren kulturell und re-ligiös pluralisierten Gesellschaften gilt die privatkapitalistische Marktökonomie insofern als legitim, als sie es gestattet, die uralte Frage der politischen Philosophie nach den gemeinsamen Bedingun-gen des guten Lebens, nach den konsensuellen Bedingungen von ‚Wohlfahrt', zu umgehen, wenn nicht gegenstandslos zu machen. Der Markt kann, wie alle wissen, die über den ‚Joker' Geld verfügen, einige Probleme lösen, und er hat seit der Nachkriegszeit zweifellos breiten Bevölkerungskreisen zu einem historisch wohl einmalig ho-hen Wohlstand mitverholfen, der ihnen vielfältige Konsum- und Wahlmöglichkeiten jenseits unmittelbarer Existenzsicherung bot. Ein Markt von Erlebnisgütern hat sich ausgedehnt (Schulze 1992; 1999), der die Handlungsform des Auswählens und die Haltung des Genießens zu dominanten Mustern der Alltagspraxis, ja für viele zum Lebenssinn hat werden lassen. Persönlichkeitsentwicklung, viel Freude im Leben zu haben und Lebensgenuss als Lebenszweck ge-wannen in den letzten Jahren, selbst unter kirchennahen Christen, enorm an Bedeutung und erreichen höchste Stellenwerte insbeson-dere in der Generation der heute unter 29-jährigen (Piel 1996, 14, 38).

Leistungsgrenzen des Marktes als Wohlfahrtssektor sind darin zu sehen, dass sein Hilfeleistungsangebot an den Bedürfnissen Kauf-kräftiger, d. h. ‚Leistungsgerechter' und Konkurrenzrobuster und in der Regel Vereinzelter orientiert ist. Der Markt ignoriert tendenziell den Gemeinwohlbedarf, indem er Menschen ausgrenzt, die weder über Kaufkraft, noch über Kundensouveränität verfügen. Sozialem Schutz trägt das Konkurrenzprinzip ebenso wenig Rechnung wie die Leistungsgerechtigkeit der Bedarfsgerechtigkeit.

Außerdem zehren Marktbeziehungen – was selten beachtet wird – überkommene – primäre und direkte – Solidaritäten des nichtver- rechenbaren Helfens, Teilens und Tauschens auf. Das weiß jeder, der ein Mal angefangen hat, die Hilfe des Kindes beim Abwasch oder Aufräumen in der Familie mit Geld zu belohnen. Dann wird aus so- zialem Tausch ökonomischer Tausch. Nicht jeder Tausch ist also schon als ökonomischer Tausch, als Warentausch, zu begreifen – den- ken wir etwa an den beiderseitigen Tausch von Zärtlichkeiten der Liebenden, an die allgemeine Reziprozität im Familienleben oder an den Dank, dessen Wert häufig dann zu ermessen ist, wenn er aus- bleibt. Nicht jede Gabe ist schon Ware. Eine stillende Mutter denkt noch nicht an den Rückfluss ihrer Gabe im Rentenalter.

Sozialer und ökonomischer Tausch folgen also jeweils einer ganz anderen Logik, woran heute nicht zuletzt deshalb zu erinnern ist, weil die Ökonomisierung, d. h. die ökonomistische Interpenetration vieler Lebensbereiche voranschreitet und deren Eigenlogik überlagert und verfremdet. Das ‚Wir für uns‘ (Hejo Manderscheid) geht völlig unter im Marktmodell. Kundensouveränität und Wettbewerb führen nicht allein zu mehr Gemeinsinn und steigender Wohlfahrtsproduktivität. Obwohl Erwerbsarbeit und Konsum als Wohlfahrtsgeneratoren bio- grafisch wie gesamtgesellschaftlich inzwischen in eine kritische Pha- se geraten sind, erlebt die Marktorientierung doch andererseits – oder gerade deshalb – eine so massive Akzentuierung, dass sie sogar die Semantik der sozialen und pädagogischen Arbeit erfasst – aus Hilfs- bedürftigen wie Schülerinnen und Schülern werden ‚Kunden‘. Es ist zu erinnern: Für soziale Beziehungen, in denen der Einzelne weder Warenanbieter noch Kunde ist, bleibt in der Logik des Marktes kein Platz. Wenn die ökonomische Rationalität die Deplatzierung, die Aus- steuerung von Menschen erzeugt, kann dann dieselbe Rationalität für den Bereich Geltung haben, der sich mit den Ausgesteuerten be- fasst (vgl. Schmidt-Grunert 1996)? Wenn ein sich verengender Ar- beitsmarkt dazu führt, dass die individuelle Vorteilssuche zu einer plausiblen Verhaltensstrategie wird und zu Lasten überkommener solidarischer Rücksichten geht, kann dann dieselbe ökonomistische Logik der Schöpfung von Solidarität, also der Herstellung sozialer Verbundenheit zur Zügelung individueller Egoismen dienlich sein?

Der hierzulande beispiellose Erfolg des Marktes und die materielle Hebung des Lebensstandards waren begleitet und gestützt vom Ausbau sozialstaatlicher Sicherungen und Versorgungen, die zum ersten Mal in der Sozialgeschichte faktisch allen einen gesicherten Normallebenslauf in Aussicht stellten. Durch die Einräumung bürgerlicher Rechte (Anerkennung jedes Menschen als Rechtspersönlichkeit), politischer Rechte (Anerkennung des Menschen als Bürger eines politischen Gemeinwesens) und sozialer Rechte (Anerkennung der Teilhabe aller an allen lebenswichtigen Leistungszusammenhängen) wurde das marktwirtschaftliche Konkurrenzprinzip durch Maßnahmen des sozialen Schutzes ergänzt und die marktwirtschaftliche Leistungsgerechtigkeit durch Elemente der Bedarfsgerechtigkeit. Damit wurden auch die Existenzen derer gesichert, die durch Marktprozesse benachteiligt waren. Die Entfaltung des Sozialstaates bestärkte damit die Akzeptanz der Marktwirtschaft, nicht zuletzt auch auf der Seite der ,Marktpassiven' und ,Marktschwachen', wie umgekehrt die Akzeptanz des Sozialstaats durch die Entfaltung der Marktkräfte befördert wurde, auch und gerade seitens der ,Marktaktiven' und ,Marktstarken'. Dass die ihnen zwangsweise „abverlangten Solidarbeiträge der Preis für Entfaltungschancen sind" (Hondrich/Koch-Arzberger 1992, 115), diese Einsicht wuchs auf der Seite der marktaktiven Leistungsstarken und wurde nach dem Zweiten Weltkrieg sicher auch durch das allseits gegenwärtige sozialistische Bedrohungspotenzial befördert (sekundäre und indirekte Pflichtsolidarität). Je mehr Entfaltungschancen, die sich ja nicht von selbst verstehen, eine Gesellschaft bietet, „desto mehr erzeugt sie, auf deren Kehrseite, Leistungsversagen derjenigen, die nicht mithalten können. Die Einsicht in diesen Zusammenhang des Gegensätzlichen verwandelt soziale Abgaben, dem Sinne nach, von milden Gaben in Solidarbeiträge und bestärkt die Akzeptanz des Sozialstaats" (Hondrich/Koch-Arzberger 1992, 115). Die privatkapitalistische Marktökonomie war also nur in dem Maße legitim, als die durch sie permanent hervorgebrachten Risiken, Ungleichheiten und sonstigen negativen Effekte in den staatlich garantierten „Zusammenhang einer moralischen Ökonomie" eingebettet blieb, „welche die Beteiligung der Gesamtbevölkerung an den Vorteilen dieser Wirtschaftsform im Sinne einer verallgemeinerten Gegenseitigkeit sicherstellt" (Kaufmann 1997, 141).

Dieses Leistungsvermögen bezog der Staat nicht zuletzt daraus, dass er durch die Aufrichtung und Kontrolle seiner Grenzen sicherzustellen vermochte, dass sich die generalisierten Gegenseitigkeitserwartungen auf einen geschlossenen und damit relativ überschaubaren – nationalen – Verteilungsraum bezogen, im Rahmen dessen eine abgestimmte Solidaritäts- bzw. Wirtschafts- und Sozialpolitik möglich war. Die Bevölkerung dieses nationalstaatlichen Raumes wies zudem „aufgrund von gemeinsamen Traditionen und den Anstrengungen des Bildungswesens eine hohe kulturelle Homogenität auf, teilte also wichtige normative Vorstellungen. Damit waren wesentliche Voraussetzungen einer Solidaritätsbereitschaft gegeben, die durch ein entsprechendes ‚Nationalbewusstsein' noch verstärkt wurde. Nicht zuletzt waren es jedoch die wohlfahrtsstaatlichen Einrichtungen selbst, welche – zusammen mit den demokratischen Verfahren – solcher Solidarität Ausdruck verliehen und gleichzeitig eine funktionale Rechtfertigung vermittelten" (Kaufmann 1997, 143).

Allerdings stehen wir gegenwärtig offensichtlich mitten in einer Epoche der Umwandlung, wenn nicht des Niedergangs des traditionellen Nationalstaats, die auch eine Transformation des Sozialstaats und der von ihm erzeugten Solidaritätsbereitschaft mit sich führt. Die erst umrisshaft erkennbare europäische Integration und Weltordnung wird von ethnischen und nationalistischen Konflikten begleitet, die ihrerseits massive Relativierungsschübe des Nationalstaats indizieren, der als neuzeitliche Errungenschaft von einer erheblichen mentalitätsprägenden Bedeutung geworden ist und mit der Wir-Idee der ‚Nation' auch die Pluralisierungs- und Differenzierungsprozesse der Moderne erträglicher gemacht hat. Europäisierung, Internationalisierung und Globalisierung – durch solche Entgrenzungsprozesse, die immer auch Entfremdungs- und Überfremdungsprozesse mit sich führen, scheint auch „eine der zumindest historisch erfolgreichsten Formeln zur Selbstbeschreibung" einer territorial gestützten Identitätsbildung in Europa massiv an Bedeutung zu verlieren, nämlich die Idee der Nation, womit der Abschied von einer territorialen wie kulturellen Selbststeuerbarkeit von Macht und Recht, Geld und Kultur einhergeht. Damit wird eine Grenze porös, die bislang „die Gefahr der Entfesselung funktionaler Autonomien", also der für die Moderne typischen Entkoppelung der Daseinsbereiche wie Politik und Recht, Wirtschaft, Bildung und Religion, „und damit verbundener Diabolismen ‚von oben'" gebannt und mit dieser staatlich vermittelten Einheitsidee „gegen die Erosion gemeinschaftlicher Formen von Sozialität Front gemacht" hat (Hahn 1995, 67).

Die nationalstaatlich formierten Gesellschaften büßen also an Integrations- und Steuerungskraft ein, und ‚Solidarität' scheint dabei zunehmend die Züge einer „ideologisierten Schrumpfformel für die ruinierte Nation" (Baier 1988, 51) anzunehmen. Dabei ist nicht nur an die Krise der Volksparteien, der Gewerkschaften und übrigens auch der Arbeitgeberverbände (und damit der Infragestellung des bisherigen tarifpolitischen Austauschsystems zwischen ‚Kapital und Arbeit') zu denken, deren Integrationsfähigkeit seit einiger Zeit ebenfalls schwindet (Vertrauensverlust, rückläufige Mitgliederzahlen, Zunahme außerordentlicher Kündigungen von Flächentarifverträgen), sondern an erster Stelle daran, dass die Entwicklung der Sozialpolitik in eine neuartige Phase geraten ist, in der der Sozialstaat selbst – ehemals zentrale Instanz zur Regulierung und Steuerung ‚sozialer Probleme' – zum ‚sozialen Problemfall' wird. Nichts weniger als die Sicherung der sozialen Sicherheit scheint auf der Tagesordnung zu stehen. Dabei ist ein Übergang oder Umbruch zu erkennen, der sich als Transformation von einer ‚Sozialpolitik erster Ordnung' zu einer ‚Sozialpolitik zweiter Ordnung' begreifen lässt. Sozialpolitik meint dementsprechend „immer weniger den politischen Kampf um die Verbesserung der Lebenslage bestimmter benachteiligter Personengruppen ... oder um die Lösung sozialer Probleme ... Neben diese ‚Sozialpolitik erster Ordnung' hat sich eine ‚Sozialpolitik zweiter Ordnung' geschoben: Sie betrifft das Einwirken des Staates auf die bereits etablierten sozialpolitischen Einrichtungen im Sinne einer bestimmten Steuerungsintention, z. B. der Kostenersparnis" (Kaufmann 1993, 1000). Beispiele hierfür sind die hektisch sich ablösenden so genannten Reformgesetze der letzten – und vermutlich der kommenden – Jahre (z. B. in der Rentenversicherung und im Gesundheitswesen), die darauf abzielen, die absehbare Expansion der Ausgaben zur sozialen Sicherung zu begrenzen, Sozialleistungskosten zu verschieben bzw. Lebenslagen umzuverteilen. Nicht nur von einem Umbau, sondern von einem Abbau, ja von einem Ende des überkommenen Sozialstaats ist inzwischen offen die Rede. „Immer häufiger übernehmen deutsche Manager", so kann man in Zeitungen (DTP 27. März 1997) lesen, „amerikanische Maximen wie: ‚Profit, Profit, Profit' oder ‚We do it only for value', was auf Deutsch heißt wie ‚Wir arbeiten ausschließlich für den Aktienwert'. Was nur wenige bislang öffentlich zu sagen wagen, spukt bereits in vielen Köpfen umher. Die Abkehr vom Modell der Sozialpartnerschaft findet bei zunehmendem wirtschaftlichen Konkurrenzdruck immer mehr Anhänger. Mit der Forderung der Katholischen Soziallehre, nach der Eigentum auch Sozialpflichtigkeit mit sich bringt, ließe sich ein solches neudeutsches Wirtschaftsmodell amerikanischen Zuschnitts jedenfalls nicht vereinbaren". Dementsprechend macht sich in den letzten Jahren in der Bevölkerung die Ahnung breit, dass die Zeiten, in denen ökonomische Zuwächse zu verteilen waren, vorüber sind und ein „raueres soziales Klima" mit wachsenden Verteilungskämpfen im Anzug ist.

Fragt man sie danach, welche Kürzungen sie akzeptieren würde, zeigt sich zunächst ein substitutives Verhältnis zwischen sozialpolitischen und anderen staatlichen Aufgabenbereichen, sodann, dass vor allem solche Sozialleistungskürzungen vorgeschlagen werden, von denen Minderheiten profitieren. Die vorliegenden Untersuchungen belegen auch einen deutlichen Rückgang der Zufriedenheit mit dem System der sozialen Sicherung im Verlauf der 90er Jahre, und dies gilt auch für die Zukunftseinschätzungen der allgemeinen Lebenszufriedenheit und sozialen Sicherheit (s. Forschungsschwerpunkt Sozialer Wandel 1996; Bulmahn 1997).

Die Eigendynamik der Sozialstaatsentwicklung scheint sogar dahingehend zu wirken, seine eigenen Voraussetzungen aufzubrauchen und sozusagen eine Art Selbsttötungsmechanismus zu aktivieren. Auch trug die Entfaltung des Sozialstaats (Krankenversicherung; Rentenversicherung) – einschließlich seiner Tendenz zur Transferausbeutung der Familien – selbst zu demographischen und sozialen Verschiebungen (Erhöhung der durchschnittlichen Lebensdauer; Rückläufigkeit der Geburten; Individualisierung) bei, welche die Bedingungen der Fortsetzung einer Sozialpolitik erster Ordnung, ja die Voraussetzungen der bestehenden sozialen Sicherungssysteme untergraben. Damit werden aber auch die Funktionen dieser sozialen Sicherungssysteme unterminiert, die aus der Sicht der Sozialwissenschaften in der politischen Loyalitäts- und Legitimationsschöpfung, in der gesellschaftlichen Disziplinierung und Befriedung oder in der Steigerung der Inklusion und der Kompensation bzw. Substitution von primären Solidaritäten gesehen werden. Stehen wir vor einer wachsenden ‚Staatskrise‘, einer Krise des Rechts- und Sozialstaats? Ist er überhaupt noch handlungsfähig? Kann der Staat die Gewährleistung der von ihm verwalteten Güter – Schutz der Bürger vor der physischen Gewalt von Mitbürgern, gerechte Verteilung von sozialer Sicherheit – noch garantieren? Selbst nüchterne Soziologen weisen darauf hin, dass „das gegenwärtige Unvermögen der Politik" einer Entwicklung Vorschub leistet, „in deren Verlauf die konstruktiven Potenziale des Wertewandels blockiert und seine destruktiven verstärkt werden" (Winkel 1996). Ihnen gibt deshalb „Anlass zur Sorge" die künftige „Sicherung der Legitimitätsbasis der Zivilgesellschaft" und damit die „institutionelle Sicherung der Geltung konträrer Wertbeziehungen als Voraussetzung der Freiheit" (Lepsius 1996, 364). Und die Frage gewinnt an Brisanz, was die moderne Gesellschaft überhaupt noch zusammenhält bzw. in Zukunft zusammenhalten kann (vgl. Teufel 1996; Kaufmann 1997a). Diese Frage wird insbesondere in

Deutschland zunehmend gestellt, angesichts der Befunde, die eine „Spaltung der Deutschen" (Forschungsschwerpunkt Sozialer Wandel 1997) im Hinblick auf die Akzeptanz der Demokratie und die Verteilung der Lebenschancen (vgl. IpoS 1996, 101 ff.) schlussfolgern lassen.

Diese nachhaltige Schwächung des staatlichen Integrations- und Solidaritätsniveaus, welche nicht zuletzt durch demographische Verschiebungen und den dauerhaften Verlust der Vollbeschäftigung (trotz Wirtschaftswachstums) hervorgerufen wird, lässt sowohl ein ökonomisches Problem der Relation der Zahl der Steuer- und Beitragszahler zu der der Leistungsempfänger entstehen, als auch ein Legitimationsproblem (‚Gerechtigkeit') – nicht nur in den vermögenden bzw. ‚besser verdienenden' Einkommensklassen. Das zeigt sich in den 90er Jahren etwa an der gestiegenen Gewalt gegen Ausländer durch vorwiegend männliche Jugendliche aus dem ‚unteren Drittel' der Gesellschaft, die gleichsam als selbst ernannte Stellvertreter der schweigenden Mehrheit ‚Selbstjustiz' betreiben (vgl. Ohlemacher 1994). Der moralisierende Vorwurf an Sozialleistungsempfänger – insbesondere an solche im Souterrain der sozialen Sicherungssysteme – ist inzwischen an jedem Stammtisch wohlfeil zu haben, damit Gelder zu verbrauchen, die an anderer Stelle nützlicher bzw. produktiver (‚effizienter') einzusetzen wären. Meine nur noch anzufügende, hier jedoch nicht weiters zu erläuternde Vermutung ist, dass mit dieser sich verbreiternden Mentalität eines ‚Sozialutilitarismus' auch die Akzeptanz des ethischen Utilitarismus begünstigt wird, wie er etwa von Peter Singer oder Norbert Hoerster zum Zwecke der Legitimierung der ‚Selektion' menschlichen Lebens vertreten wird. Der ‚Zusammenfluss' der Krise des National- und Sozialstaats und der Krise des christlichen Gottesbildes (vgl. Ebertz 1999) öffnet damit Schleusen für die Ausdehnung und Akzeptanz utilitaristischer ethischer Positionen, die zwar am Person-Begriff festhalten, ihn aber inhaltlich umdefinieren, so dass Tieren das Personsein zugesprochen und Menschen das Personsein abgesprochen werden kann. Aus dem Vormarsch solcher ethischer Konzepte erwächst eine der dramatischsten gesellschaftlichen Herausforderungen nicht nur des Christentums in der fortgeschrittenen Moderne, sondern auch zur Entfaltung einer alternativen „Ethik ohne Metaphysik" (Baier 1997), welche die Idee des Menschen nicht eindimensional verkürzt (vgl. Baier 1988, 138–150).

Abgesehen von der nachhaltigen Schwächung des staatlichen Integrations- und Solidaritätsniveaus liegen typische Leistungsgrenzen des staatlichen (und kommunalen) Wohlfahrtssektors auch in der herrschaftlichen Distanz und in der Unpersönlichkeit der Beziehung zwischen Verwaltung und Publikum, nicht zuletzt in machtgeprägten Formen der Aufgabenbewältigung. Bereits in einer Denkschrift des Reichsarbeitsministeriums von 1923 heißt es: „Staat und Gemeinde sind oft nicht zu helfen imstande, weil sie nur schwer die Hilfe zu jener seelischen Hingabe von Mensch zu Mensch vertiefen können, die ihr den höchsten Wert verleiht. So mancher Hilfsbedürftige wird sein Innerstes niemals behördlichen Akten erschließen ..." Auch die wahlpolitische Interessenorientierung sozialpolitischer Entscheidungen durch die jeweilige Regierung und Opposition setzt dem staatlichen Sektor der indirekten sekundären Pflichtsolidarität deutliche Grenzen (vgl. Baier 1977).

Auch das Hilfevermögen in den persönlichen Netzwerken zeigt Grenzen, obwohl deren Leistungsbeitrag zur Wohlfahrtsproduktion nicht zu unterschätzen ist und „als notwendige Wirkungsbedingung für alle anderen ... Formen" der Wohlfahrtsproduktion angesehen werden muss (Kaufmann 1997, 100). Zum einen läuft die Wohlfahrtsproduktion und die Koordination bzw. Steuerung der menschlichen Handlungen nicht nur über Prinzipien des Marktes und Prinzipien der herrschaftlichen, hierarchischen Organisation, sondern auch durch das „Steuerungsprinzip ‚Solidarität'" im primären oder engeren Sinn (Kaufmann 1984). Zum anderen leben Markt und Staat, aber auch Kirche und Wohlfahrtsverbände von Voraussetzungen auch und gerade solidarischer Art, die sie nicht selbst gewährleisten können. So erbringen die Familien sowohl für sich, als auch für andere Sozialsysteme die quantitative Funktion der Reproduktion, die qualitative Funktion der Sozialisation und Regeneration des so genannten Humanvermögens. Hierzu zählen nicht zuletzt solche Ressourcen und Kompetenzen, die für die nichtwirtschaftlichen Dimensionen des menschlichen Lebens qualifizieren. Für die Herstellung von Solidarpotenzialen sind die familialen und verwandtschaftlichen Beziehungen ebenfalls von kaum zu unterschätzender Bedeutung. Allen Indikatoren, aber auch allem Gerede von der Krise der Familie zum Trotz, sind „Verwandtschaften, und zwar insbesondere zwischen verschiedenen Generationen, aber auch z. B. zwischen Geschwistern, ... nach allen empirischen Untersuchungen die stabilsten, vielseitigsten und leistungsfähigsten Netzwerkbeziehungen von Individuen. Und die verwandtschaftliche Solidarität scheint auch gesellschaftsweite Wirkungen auszulösen" (Kaufmann 1997, 104), wenn man an die Akzeptanz des so genannten Generationenvertrags, aber auch des Subsidiaritätsprinzips denkt. Diese ruhen nicht zuletzt auf Erfahrungen auf, die mit der Leistungsfähigkeit des sozialen Sicherungssystems in der engeren familialen Umgebung gemacht werden. Auch die Aktivierbarkeit darüber hinausgehender solidarischer Leistungen ist an lebensweltliche Erfahrungen der Solidarität der Generationen, der Geschwister – und sicherlich auch der Geschlechter – in primären sozialen Beziehungen, nicht nur, aber vor allem in der Familie, gebunden. Hierzu gehört die Erfahrung der Verlässlichkeit, des Vertrauens, der Akzeptanz, der Bindung, der Zugehörigkeit, der Identifikation, ja auch des Mit-Leids. In der Familie, aber sicher nicht nur dort, werden Erfahrungen gemacht, von denen sich sieben Ausprägungen zur Merkmalsbestimmung eines ‚Steuerungstyps‘ bündeln lassen, der sich im Anschluss an Franz-Xaver Kaufmann (1984; vgl. Gabriel/ Herlth/Strohmeier 1997, 14 f.) als direkte oder primäre ‚Solidarität‘ bezeichnen lässt.

Die Leistungsgrenzen der persönlichen Netzwerke liegen allerdings in einer recht engen sozialen ‚Schließung‘ und ‚Ausschließung‘ (vgl. Weber 1972, 23 f.) eben etwa erotischer, familialer, verwandtschaftlicher, nachbarschaftlicher oder freundschaftlicher Art. Sie ergeben sich auch aus der Tatsache, dass die fachlichen oder schon zeitlichen Ressourcen zur Problemlösung nicht ausreichen und auch nicht jede oder jeder in persönlichen Unterstützungsnetzwerke eingebunden ist. Solidaritätsverpflichtungen unter Verwandten, so sehr sie auch noch nachweisbar sind, werden heute bereits aus Mobilitätsgründen unwahrscheinlicher. Auch Solidaritätsbeziehungen nachbarschaftlicher Art werden immer seltener, hebt doch die für die Moderne typische Generalisierung von Fremdheit bereits im sozialen Nahraum an: „Gerade die Personen, mit denen man alltäglich umgeht, erscheinen als in wesentlichen Hinsichten fundamental anders als man selbst: Man selbst ist Arzt, die andern sind Patienten; man selbst ist Unternehmer, der andere ist Proletarier. Man selbst ist Wissenschaftler, der andere fromm usw." (Hahn 1995, 55) Und umgekehrt ist es möglich, dass der Kollege aus dem Ausland dem Wissenschaftler oder dem Facharbeiter weniger fremd ist als der Nachbar. Die damit entstehenden unterschiedlichen Sichtweisen mit Bezug auf eine Sache mindern jedenfalls die Voraussetzung direkter Solidarität.

Vielen Herausforderungen von Solidarität ist heute gemeinsam, dass sie über eine Solidarität der unmittelbar Betroffenen nicht zu lösen sind. Eine Lösung ist vielmehr an eine Bewusstseinsveränderung der Nichtbetroffenen gebunden, um diese „gewissermaßen als Schuldner der Betroffenen zum solidarischen Handeln und zur

Übernahme von Verantwortung für andere" (Gabriel/Herlth/Strohmeier 1997, 19 f.) zu bewegen: Zum Beispiel die Arbeitsplatzbesitzer als ‚Schuldner' der Arbeitslosen, die Drogenfreien als ‚Schuldner' der Drogensüchtigen, die Familienlosen als ‚Schuldner' der Familien, die älteren Generationen als ‚Schuldner' der jüngeren (und umgekehrt), die jetzigen Generationen als ‚Schuldner' der künftigen Generationen, die kriminellen Täter als ‚Schuldner' der Opfer, die Männer als Schuldner der Frauen (und umgekehrt), die Menschen des Nordens als ‚Schuldner' der in absoluter Armut lebenden Menschen des Südens.

Wenn der Markt solidaritätsignorant, wenn nicht solidaritätsbedrohend ist, wenn die privaten Netzwerke ihre engen personalen Grenzen haben und der nationale Sozialstaat in die Defensive geraten ist, stellt sich die Frage, welche gesellschaftlichen Instanzen dann in der Lage sind, jene grundlegende Solidarität zu mobilisieren, und auf welche kulturellen Voraussetzungen zur Zügelung der individuellen Egoismen zurückgegriffen werden kann. Auf diese Fragen gibt es nicht ein Mal Ansätze einer überzeugenden Antwort. Wem hier vorschnell die Kirchen in den Sinn kommen, wird man sagen müssen: Ähnlich wie die Gewerkschaften, deren Solidaritätsbewegung am Schicksal gemeinsamer körperlicher Arbeit und proletarischer Existenz ansetzte, unter den Arbeitern nur noch schwer Anhaltspunkte für eine selbstverständliche – sekundäre – Solidarität finden, steht auch den Kirchen eine solche unter ihren Gläubigen nicht mehr ohne weiteres zur Verfügung. Für die Mehrheit der Kirchenmitglieder hierzulande – es sind noch ca. 70 Prozent – scheinen die Kirchen allenfalls noch ‚Gehäuse' darzustellen, die man zur unbehelligten Pflege der eigenen religiösen Autozentrik nutzt. Angesichts des beobachtbaren Wachstums nicht nur an ritueller Devianz der Kirchenmitglieder in als zentral definierten Glaubenshandlungen, sondern auch an Synkretismusbildungen und an Dissens in als zentral definierten Glaubensvorstellungen kann selbst auf katholischer Seite immer weniger davon ausgegangen werden, dass die Befolgung der Kirchengebote und die Einheit im Glaubensbekenntnis die integrierende Handlungs- und Orientierungsgrundlage der Kirche, der Mitgliedschaft in ihr und der Religiosität bzw. der Lebensführung ihrer Mitglieder ist. Außerdem sind die Kirchen, die übrigens in den letzten Jahren einen massiven Vertrauensverlust haben hinnehmen müssen, immer weniger in der Lage, ihre zentralen religiösen Werte und Normen im Denken und Handeln in der Bevölkerung zu verankern und darüber den gesellschaftlichen Zusammenhalt zu gewährleisten.

Nicht zuletzt mit der Erosion der Akzeptanz des christlichen Gottesbildes und der eschatologischen Verheißungskraft gingen die Kirchen einer zentralen Dimension ihrer ehemaligen Integrationsfunk-
tion verlustig, nämlich der kompensatorischen Vernichtung
gesellschaftlicher Anomie. Den Kirchen kann es nämlich immer weniger gelingen, einen religiös spezifischen Beitrag zu leisten, den
Kampf um die knappen und knapper werdenden Güter im Verweis
auf Werte jenseits von Politik und Geschichte zu zügeln und die
Spannungen bei denjenigen zu vermindern, denen es nicht gelungen
ist oder gelingt, den von ihnen begehrten Anteil an den Gütern der
Gesellschaft mit erlaubten Mitteln zu erwerben (s. Ebertz 1999). Der
Niedergang des christlichen Gottesbilds und der traditionellen Jen-
seitsvorstellungen, die seit der Propagierung des Fegefeuers im ho-
hen Mittelalter solidaritätsschöpfend wirkten, wie wir an der explosi-
onsartigen Vermehrungen von Stiftungen erkennen können, ließ
eine einmalige Quelle der Verwandlung von religiösem Kapital in
soziales Kapital versiegen. Wenn das Leben selbst zur ‚letzten Gelegenheit' (Marianne Gronemeyer) wird, wächst die Angst, in einem
knappen Leben zu kurz zu kommen.

Auch an der Kirche sind (weitere) Leistungsgrenzen im Hinblick
auf die Solidaritätsproduktion auszumachen. Kirchliche Leistungsgrenzen liegen heutzutage etwa in der vielfältigen Milieuverengung
der durchschnittlichen Kirchengemeinden, worauf bereits die atypi-
sche Verteilung der Alters-, Bildungs- und Berufsstruktur der ‚Kern-
gemeinde' hinweist sowie auch die neuerdings auch empirisch glaub-
haft gemachten Tatsache, dass vor den Gemeinden mehr Christen
bzw. sich für Christen Haltende leben, als in und mit ihnen (vgl.
Ebertz 1999). Die Milieuverengung der durchschnittlichen Kirchengemeinden zeigt sich in einer häufig anzutreffenden traditionalisti-
schen Unbewegtheit, gepaart mit regelrechter Innovationsresistenz.
Sie äußert sich übrigens auch in ästhetischer Hinsicht. Wirken viele
Kirchengemeinden nicht bereits deshalb auf viele ‚abstoßend', weil
sie allein schon in ästhetischer Hinsicht – bis in das Liedgut, das
Liedtempo, die Pfarrbrief- und die Schaukastengestaltung hinein –
von bestimmten Erlebnismilieus ‚regiert' werden? Milieuverengun-
gen bringen zudem massive – innerkirchlich gern tabuisierte – Solidaritätsverengungen hervor, was ein eigenes Thema wäre. Schon Lo-
renz Werthmann klagte, dass „der Herr Pfarrer nicht meinen (darf),
dass seine caritative Tätigkeit darauf sich beschränken darf, ein
Fünfpfennigstück dem armen Bettler zu reichen ...". Auch aus der
Geschichte einiger Caritasverbände ist ja nicht unbekannt, dass Pfarr-

gemeinden nur ein ungenügendes Verständnis für die Arbeit der Caritas aufbrachten. Sozialpsychologische Studien von heute kommen zu dem für jeden ‚guten Katholiken' schockierenden Schluss, dass „von dem Anspruch der Nächstenliebe vor allem die Kirchentreuen sehr weit entfernt sind. Sie sind stattdessen voller Vorurteile gegenüber Minderheiten und Randgruppen und verleihen ihrem Ressentiment gegenüber Fremden deutlich Ausdruck. Aufgrund ihrer autoritären Fixierung sind sie zu echtem Mitfühlen und Mitleiden nicht in der Lage, sondern können Caritas nur im Sinne einer ‚almosenspendenden und tröstenden Oben-Unten-Beziehung' verstehen. Statt in den Außenseitern und Randgruppen die abgespaltenen Teile ihrer eigenen Existenz wiederzuerkennen, was allererst Solidarität ermöglichen würde, sehen sie in den Randgruppen nur das Fremde, Bedrohliche und Angsteinflößende, von dem sie sich abzusetzen bemüht sind" (Wirth/Brähler 1995). Gegenüber Problemen der sogen. ‚Dritten Welt' sind in den Kirchengemeinden ähnliche Solidaritätsverengungen zu registrieren, obwohl die Spendenbereitschaft der Kirchenmitglieder auch und gerade in Deutschland international gerühmt wird. Gepaart mit einem eher paternalistischen Hilfekonzept, konnten Solidaritätsverengungen in solchen christlichen Gruppen, die eher im gemeindlichen Binnenmilieu operieren, stärker ausgemacht werden als in denjenigen christlichen bzw. kirchlichen Gruppen, die am Rande oder außerhalb der Kirchengemeinden agieren: „Die Orientierungsfigur des Helfens", so eine im Auftrag der Deutschen Bischofskonferenz durchgeführte Studie, „steht im Erfahrungsraum der gemeindenahen Gruppen ... dem Muster der Patenschaft näher als dem der Partnerschaft. Die Beziehung ist einseitig und in einer klaren Rollenverteilung strukturiert, Bedenken, dass die Hilfe zu Abhängigkeiten und Bevorzugungen führen könnte, werden nicht artikuliert." Hilfe, „die hier sichtbar wird, erweist den Orientierungsrahmen der Gruppe als verhaftet im traditionellen, vorvatikanischen Verständnis von Missionsarbeit ... Das Sinnmotiv der Erweiterung der eigenen Erfahrung und des eigenen Lernens und Beschenkt-Werdens im Kontakt mit den Menschen in der Dritten Welt spielt bei den Gruppen im gemeindlichen Binnenmilieu keine Rolle. Dort, wo sich Ansätze einer solchen Orientierung zeigen, ... wird schnell die Grenze des Milieus erfahren ... Wo sie ein weltkirchliches, multikulturelles, den traditionellen Eurozentrismus überschreitendes Missionsverständnis vermitteln möchte, sieht sie sich erfolglos und an den Rand des gemeindlichen Sinnhorizonts gedrängt" (Gabriel/Keller/Nuscheler/Treber 1995, 53, 63).

Die Frage stellt sich, ob nicht auch unter den modernen – struktu-rell, kulturell und individuell pluralisierten – Lebensbedingungen (vgl. Ebertz 1999) neue Chancen der Herausbildung von – neuen Formen – der Solidarität erwachsen. So haben wir es unter den Bedingungen beschleunigter Modernisierung nicht nur mit der Schwächung, dem Abbau und sogar der Auflösung von eingelebten, zugeschriebenen und verpflichtenden – direkten und indirekten, pri-mären und sekundären – Solidarpotenzialen in Familie, Verwandt-schaft, Nachbarschaft sowie in gesellschaftlichen Großgruppen (etwa unter Arbeitern und Katholiken) und in den sozialstaatlichen Siche-rungssystemen zu tun. Sondern es darf darüber „nicht übersehen werden, dass der Modernisierungsprozess von Anfang auch zu einer Entgrenzung von Solidaritätsbezügen über traditionale Grenzen hi-naus geführt hat", wobei die „Reichweite von Solidarität ... tendenziell ausgedehnt wird auf die Grenzen menschlich-kommunikativer Er-reichbarkeit" und zugleich „neue Bedingungen für das Zustande-kommen von Solidarität" erkennbar sind (Gabriel/Keller/Nuscheler/Treber 1995, 15 ff.), die sich als "Wahlsolidarität" bezeichnen lässt.

Um diesen neuen Bedingungen der Solidaritätsschöpfung Rech-nung zu tragen, müssen folgende Anforderungen gegeben sein:

1. Die Solidaritätsschöpfung hat dem Erfordernis von Freiwilligkeit Rechnung zu tragen, d. h. muss resonanzfähig sein für die biogra-fischen Relevanzen und (sachlichen, zeitlichen, sozialen) Ressourcen der (potenziell) Engagierten.

2. Die Solidaritätsschöpfung hat dem Wertewandel Rechnung zu tragen und damit der gewachsenen Bedeutung von Selbstentfaltungs-werten: Wahlsolidarisches Engagement muss Gratifikationen, ,Rückerstattungen' (Thomas Rauschenbach), also den Einzelnen ,et-was bringen' (vgl. Ebertz 1993). Oswald von Nell-Breuning (1983, 20) hat einmal ganz nüchtern formuliert: „Sehr vieles von dem, was wir tun oder betreiben, tun wir nicht um seiner selbst willen, sondern weil wir durch dieses Tun etwas anderes, woran uns gelegen ist oder worum es uns geht, erreichen oder zu erreichen hoffen." „Wo wir anderen einen Dienst erweisen, tun wir das sehr oft nicht aus reiner Nächstenliebe, sondern weil wir uns zugleich für uns selbst etwa da-von versprechen."

3. Anstöße zur Solidarität erfolgen oft durch Vorleistungen, durch gute Beispiele, symbolische Taten. Dabei entsteht allerdings das Risi-ko, dass sich solidarische Wechselseitigkeit und Dauerhaftigkeit nicht einstellen, wenn die Vorleistungen überhaupt als gute Beispiele wahrgenommen werden. Diese Risiken sind zu vermindern durch

den Versuch, die Bereitschaft zur emotionalen, instrumentellen oder politischen Leistungserbringung zu organisieren. Durch Organisation kann Solidarität vermittelt, auf Dauer gestellt und weitergeleitet, gewissermaßen multipliziert werden. Wahlsolidarität bedarf also der Assistenz und Vermittlung von Organisationen – z. B. Schulen, Kirchen und/oder Verbänden.

4. Bedingungen hierfür sind, dass die Organisationen selbst soziale Anreize (z. B. soziale Anerkennung) zum Eingehen solidarischer Beziehungen und Gratifikation zur Einbindung solidarischer Beziehungen zu produzieren haben, aber auch zur Minimierung von Risiken beitragen.

5. Solidaritätsschöpfung kann unter modernen Bedingungen auch über die Schöpfung von ‚sozialem Kapital‘ (Pierre Bourdieu) erfolgen, wobei auch hier Organisationen eine wichtige Legitimierungs- und Vermittlungsrollen übernehmen können. Bei der Schöpfung von sozialem Kapital geht es um die Ausdehnung, Intensivierung und Differenzierung dauerhafter Netze von Sozialbeziehungen, die überhaupt erst den sozialen ‚Humus‘ bilden, aus dem heraus Solidarität als Steuerungsprinzip generierbar ist. Es geht um die Ausdehnung und Vervielfältigungen von sozialen Chancen- oder Gelegenheitsstrukturen als elementare Voraussetzungen der Entstehung von Prozessen der Solidarität, angefangen vom Gefühl der Zugehörigkeit und Gemeinsamkeit bis hin zum Merkmal der Rückkoppelung des Handelns durch soziale Anerkennung oder Missbilligung. Solidarität „kann schon allein in dem Vertrautsein begründet werden, das sich aus dem häufigen Anblick ... ergibt. Interaktionshäufigkeit, auch wenn diese nicht aus kooperativen Prozessen herrührt, bestärkt die Vertrautheit und kann als ein selbständig wirkender Faktor bei der Konstitution von Solidarität gelten" (Hondrich/Koch-Arzberger 1992, 19). Solidarität wird personenbezogen geschöpft und kann sich motivational gewissermaßen auch als Nebenprodukt sozialer Interaktion entfalten.

6. Freilich bedarf die Produktion und Reproduktion von Sozialkapital als Voraussetzung der Solidaritätsschöpfung einer unaufhörlichen Beziehungsarbeit in Form von ständigen – d. h. nur organisational leistbaren – Austausch- und Anerkennungs-, aber auch Grenzziehungsakten. Solidaritätsschöpfung als schöpferisches wechselseitiges Helfen und Teilen braucht Punkte der Gemeinsamkeit, zumindest der Ähnlichkeit (des Schicksals, an Interessen, Überzeugungen, Werten, etwa auch des Regionalismus und Lokalismus) – und Grenzen. „Wer weltweite Solidarität fordert und zu geben bereit ist", so Franz-Xaver Kaufmann (1997a), beruft sich zwar „auf die fundamentalen

Gemeinsamkeiten der Menschen als Kinder Gottes und Träger gleicher Menschenrechte; er ist bereit, jeden als seinesgleichen anzuerkennen ... Diese Forderung ist als moralische Entsprechung zur wachsenden Weltvergesellschaftung durchaus berechtigt; aber Solidarität muss geteilt werden, da wir nicht ‚aller Welt treu sein können'. Wir wollen stets in bestimmten, für uns überschaubaren Verhältnissen leben, und unsere leibliche Existenz bleibt stets an bestimmte Räume und soziale Kontexte gebunden, mit denen uns mehr verbindet als mit der Menschheit als ganzer. Realistisch gesprochen, besteht die neue moralische Herausforderung gerade darin, unsere Solidarität zu teilen und mit Bezug auf verschiedene Lebensbereiche Solidarität mit unterschiedlicher Reichweite zu üben". Das ‚Elend der Welt' überfordert.

7. Organisationen, welche neue Potenziale von Solidarität erschließen, vermitteln und auf Dauer stellen, haben selbst angemessene Organisationsformen und eine solidaritätsförderliche Organisationskultur auszubilden, in denen sich solidarisches Handeln alltäglich entfalten kann – eine Herausforderung nicht zuletzt von Schulen, die mit ihrer Orientierung am bürgerlichen Leistungsideal, ihrer Selektions- und sozialen Platzierungsfunktion die individuellen Egoismen nicht gerade zügeln, sondern institutionell stützen. Schulen, die ‚Compassion' mit Externen vermitteln wollen, können dies nur glaubwürdig leisten, wenn sie auch intern Compassion als Lernaufgabe begreifen.

Literatur

Baier, Horst (1977): Herrschaft im Sozialstaat. Auf der Suche nach einem soziologischen Paradigma der Sozialpolitik. In: Ferber, Christian von/Kaufmann, Franz-Xaver (Hg.): Soziologie und Sozialpolitik. Sonderheft 19 der Kölner Zeitschrift für Soziologie und Sozialpsychologie. Opladen, 128–142.

Baier, Horst (1988): Ehrlichkeit im Sozialstaat. Gesundheit zwischen Medizin und Manipulation. Zürich/Osnabrück.

Baier, Horst (1997): Ethik in der modernen Welt. In: Zur Debatte 27, Nr. 4, 4–5.

Bulmahn, Thomas (1997): Reformstau und Verunsicherung. Einstellungen zum Umbau des Sozialsystems. In: Informationsdienst Soziale Indikatoren Ausgabe 18, 6–9.

Ebertz, Michael N. (1993): Ehrenamtliche – gewinnen, einbinden und qualifizieren (= Schriftenreihe des Diözesan-Caritasverbandes Köln, 7). Köln.

Ebertz, Michael N. (1999): Kirche im Gegenwind. Zum Umbruch der religiösen Landschaft. 3. Auflage. Freiburg.

Forschungsschwerpunkt Sozialer Wandel (1996): Stabilisierung und Ängste. Wohlfahrtsentwicklung im vereinten Deutschland. In: WZB-Mitteilungen Nr. 73, 5–9.

Forschungsschwerpunkt Sozialer Wandel (1997): Spaltung der Deutschen? Zur Akzeptanz der Demokratie. In: WZB-Mitteilungen Nr. 75, 11–13.

Gabriel, Karl/Keller, Sabine/Nuscheler, Franz/Treber, Monika (1995): Handeln in der Weltgesellschaft: Christliche Dritte-Welt-Gruppen. Bonn.

Gabriel, Karl/Herlth, Alois/Strohmeier, Klaus Peter (1997): Solidarität unter den Bedingungen entfalteter Modernität. In: Diess. (Hg.): Modernität und Solidarität. Für Franz-Xaver Kaufmann. Freiburg, 13–27.

Hahn, Alois (1995): Identität und Nation in Europa. In: Riedel-Spangenberger, Ilona/Franz, Albert (Hg.): Fundamente Europas. Christentum und europäische Identität. Trier.

Hondrich, Karl Otto/Koch-Arzberger, Claudia (1992): Solidarität in der modernen Gesellschaft. Frankfurt.

IpoS (Institut für praxisorientierte Sozialforschung) (1996): Einstellungen zu aktuellen Fragen der Innenpolitik 1995 in Deutschland. Mannheim.

Kaufmann, Franz-Xaver (1984): Solidarität als Steuerungsform – Erklärungsansätze bei Adam Smith. In: Ders./Krüsselberg, Hans G. (Hg.): Markt, Staat und Solidarität bei Adam Smith. Frankfurt, 158–184.

Kaufmann, Franz-Xaver (1993): Artikel Sozialpolitik. In: Lexikon der Wirtschaftsethik. Freiburg, Basel, Wien, 998–1005.

Kaufmann, Franz-Xaver (1997): Herausforderungen des Sozialstaats. Frankfurt.

Kaufmann, Franz-Xaver (1997a): Was hält die Gesellschaft heute zusammen? In: Frankfurter Allgemeine Zeitung vom 4. 11., 11–12.

Lepsius, M. Rainer (1996): Modernität und Barbarei. In: Miller, Max/Soeffner, Hans-Georg (Hg.): Modernität und Barbarei. Soziologische Zeitdiagnose am Ende des 20. Jahrhunderts. Frankfurt, 359–364.

Nell-Breuning, Oswald von (1983): Worauf es mir ankommt. Zur sozialen Verantwortung. Freiburg.

Ohlemacher, Thomas (1994): Gewalt gegen Ausländer: Die Meinung der Bevölkerung. In: WZB-Mitteilungen, Nr. 63, 26–29.

Piel, Edgar (1996): Die Kirchenkrise in soziologischer Sicht. In: Breid, Franz (Hg.): Die Kirchenkrise. Referate der ,Internationalen Theologischen Sommerakademie 1996' des Linzer Priesterkreises in Aigen/M. Steyr, 9–51.

Schmidt-Grunert, Marianne (1996): Die ,BWL-isierung' als Hoffnungsträger der Sozialen Arbeit. In: Sozialmagazin 21, 30–44.

Schulze, Gerhard (1992): Die Erlebnisgesellschaft. Kultursoziologie der Gegenwart. Frankfurt.

Schulze, Gerhard (1999): Kulissen des Glücks. Streifzüge durch die Eventkultur. Frankfurt/New York.

Teufel, Erwin (Hg.) (1996): Was hält die moderne Gesellschaft zusammen? Frankfurt.

Weber, Max (1972): Wirtschaft und Gesellschaft. 5. Auflage. Tübingen.

Winkel, Olaf (1996): Wertewandel und Politikwandel. Wertewandel als Ursache von Politikverdrossenheit und als Chancen ihrer Überwindung. In: Aus Politik und Zeitgeschichte, Nr. 52/53, 13–25.

Wirth, Hans-Jürgen/Brähler, Elmar (1995): Sind die Kirchen ein Hort der Solidarität? Selbstkonzept und soziale Werturteile von Kirchenmitgliedern in Abhängigkeit von Kirchgang, Kirchengebundenheit und Kirchenzugehörigkeit. In: Dies.: Entsolidarisierung. Die Westdeutschen am Vorabend der Wende und danach. Opladen, 122–143.

Ethisches Lernen im Unterricht

Bruno Schmid

Zum ethischen Lernen in der Schule divergieren die Meinungen. Schroff stehen sich szientistische Theorien, die einer eng verstandenen Wissenschaftlichkeit huldigen[1], und das Festhalten an autoritätsfixierter Weitergabe von angeblich bewährten Verhaltensmustern[2] gegenüber. In dieser Situation ist der Modellversuch „Compassion" eine mutige Initiative zur Förderung ethischen Lernens in der Schule, die den Weg sucht zwischen den Extremen des szientistischen Verzichts auf Ethik einerseits und der unreflektierten Moralkonditionierung andererseits[3] – sozusagen die schmale Fahrrinne zwischen Szylla und Charybdis. Das Projekt eröffnet Jugendlichen nicht nur in den Sozialpraktika neue Erlebnisse, sondern verarbeitet diese auch in unterrichtlichen Reflexionsprozessen.[4] So können aus Erlebnissen Erfahrungen werden.[5]

Auch unter denen, die ethisches Lernen für eine unverzichtbare Aufgabe der Schule halten, gibt es unterschiedliche Meinungen darüber, wie diese Aufgabe didaktisch und methodisch erfolgreich gestaltet werden soll.[6] Für den Soziologen Ulrich Beck ist die Ethik in der Welt der modernen Wissenschaften so wirksam wie eine Fahrradbremse an einem Interkontinentalflugzeug.[7] Die Zweifel an der Wirksamkeit eines von der Schule geplanten ethischen Lernens sind ähnlich groß. Die Geschichte der Konzeptionen ethischer Erziehung in der Schule lässt erkennen, dass in den Jahren nach 1970 das alte Gehorsamsmodell mehr und mehr durch neue Ansätze abgelöst wurde.[8] Bestimmend wurden jedoch häufig nicht die Grundlinien eines kritischen moralischen Diskurses,[9] sondern Konzepte, die die Tradition des Vorbildlernens mit Lerntheorien US-amerikanischer Herkunft (Verstärkung, Bekräftigung, Konditionierung u. Ä.) verknüpften. Den kognitionstheoretischen Ansätzen ethischen Lernens warf man eine intellektualistische Verkürzung vor.[10] Auch die in den 80er Jahren neu betonte Dimension der Schule als Lebensraum und die damit verbundene Aufgabe, eine „Schulkultur" zu entwickeln,[11] kann nicht ignorieren, dass Schule wesentlich Unterricht ist. Selbst wenn das unterrichtliche Methodenrepertoire ohne Zweifel der kreativen Erweiterung bedarf und die viel beschworene Ganzheitlichkeit noch lange nicht ausgeschöpft ist,[12] bleibt kognitives Lernen die zentrale Aufgabe. Dabei ist vorausgesetzt, dass Wissen und Haltung keine Gegensätze sind, vielmehr Werthaltungen aus Einsichten erwachsen. Ganzheitlichkeit darf deshalb nicht als Kontrastprogramm, muss vielmehr als Tiefendimension kognitiven Lernens verstanden werden. Dies schließt die Kritik an einer Reduktion der kognitiven Dimension auf „Kenntnisse" ein.[13]

Die folgenden Überlegungen setzen bei dieser Problemstellung an. Sie wollen den Ansatz des Compassion-Projekts erhellen, indem sie zunächst zeigen, dass ethisches Lernen neben der Motivation stets auch der Kognition bedarf, will es nicht im „Moraltraining" enden (Teil I). Welche Möglichkeiten kognitiv-ethischen Lernens aber hat die Schule? Am Beispiel von Dilemmadiskussionen sollen didaktische Konturen ethischen Lernens im Unterricht vorgestellt werden (Teil II).

Teil 1: Ethisches Lernen zwischen Motivation und Kognition

Ethisches Lernen[14] umfasst *inhaltlich* wenigstens drei Dimensionen: die Einsicht in die Verantwortung für das Selbstsein, für das Zusammenleben mit Anderen und für die (außermenschliche) Welt. Für die Theologische Ethik tritt die Dimension der Verantwortung vor Gott hinzu. Alle genannten Dimensionen stehen im Horizont der Geschichtlichkeit,[15] und zwar nicht einfach nebeneinander, sondern unauflöslich ineinander verschränkt; sie durchdringen sich gegenseitig, lassen sich jedoch methodisch-reflexiv unterscheiden. Dem „Compassion"-Projekt geht es um das „soziale Lernen". Dies trägt nicht nur gesellschaftlichen und pädagogischen Defiziten Rechnung;[16] das soziale Leben ist vielmehr seit jeher der vorrangige Raum ethischer Herausforderungen. So soll auch im Folgenden jenes unterrichtliche Lernen, aus dem prosoziale Haltungen erwachsen, im Vordergrund stehen.

Formal betrachtet lassen sich zwei Momente ethischen Lernens unterscheiden:
1. ein kognitives Moment: Wissen, was als ethisch richtig gilt, und warum es gilt;
2. ein motivationales Moment: Bereit sein, das Richtige auch zu tun.[17]
Die Moralerziehung hat seit jeher beiden Momenten Beachtung geschenkt, sowohl in der außerschulischen, d.h. primär der familiären

54

Erziehung, wie auch im Unterricht. Die kirchlich-religiöse Moralpädagogik kann als Beispiel dafür gelten. Ihr kognitives Ziel hieß – vereinfacht gesagt: Kinder sollen die Gebote kennen; das motivationale Ziel hieß: Sie sollen bereit sein, diese zu befolgen. Das motivationale Moment wurde dabei fast ausschließlich an das affektive Lernen gebunden.

1.1 Die herkömmliche Betonung des motivationsbezogenen moralischen Lernens

Der Akzent in der kirchlichen Moralerziehung lag bisher stärker auf dem Motivationslernen. Stichworte dafür sind etwa in der traditionellen Moralpädagogik die hohe Bedeutung des Gehorsams; in der zeitgenössischen Religionspädagogik – nach der anthropologischen Wende – sind es Begriffe wie Charakterbildung oder Weitergabe von Werten. Exemplarisch möchte ich in wenigen Strichen das Bild von Moralerziehung skizzieren, welches das 1981 erschienene Buch „Religionspädagogische Psychologie" des Jesuiten Bernhard Grom, Professor für Religionspsychologie und Religionspädagogik in München, entwirft.[18]

(1) Ein Beispiel: Bernhard Groms Konzept einer „ganzheitlichen Moralerziehung"
    Ziel der Moralerziehung ist für Grom prosoziales Erleben, Denken, und Handeln. Sozialwerdung in diesem Sinn muss „durch einen *ganzheitlich-komplexen Lernprozess* angeregt werden", der durch umgebungsbedingte soziale Lernvorgänge (einschließlich Moralunterricht) individuelle Lernvorgänge anstößt – „also prosoziale Sensibilisierung (affektiv) mit Reflexion (kognitiv) und praktischem Verhalten verbindet."[19]
    Grom zeigt, auf welch vielfältigen Wegen moralisches Lernen in der Erziehung geschieht. In sieben Aspekten beschreibt er die wichtigsten *Lernbedingungen dieser prosozialen Sensibilisierung*. Die folgende Grafik[20] versucht, das Zusammenwirken dieser Lernbedingungen abzubilden.
    Das obere Feld zeigt vier elementare und vorwiegend affektive Lernvorgänge, nämlich die drei umgebungsabhängigen Vorgänge des
    (I) Modellernens, der
    (II) Fremdverstärkung, der
    (IV) Disziplinierung
    und im Mittelpunkt den grundlegenden individuellen Vorgang der

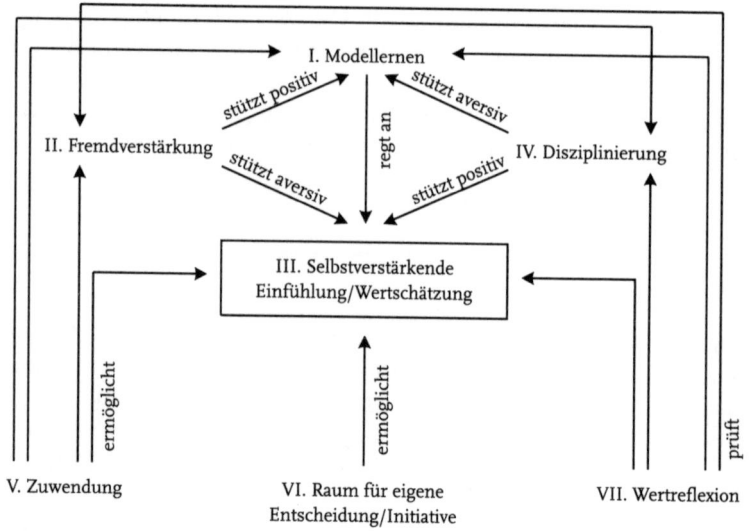

(III) selbstverstärkenden Einfühlung und Wertschätzung.

Im unteren Feld werden drei Grundvoraussetzungen angeführt, die die elementaren Lernvorgänge ermöglichen und begleiten, nämlich

(V) positive affektive Zuwendung,

(VI) Raum für persönliche Entscheidung und schöpferische Initiative und

(VII) verarbeitende und praxisverbundene Wertreflexion.

Grom sieht in diesen Lernbedingungen „nicht einfach die Merkmale eines bestimmten, eben prosozialen, ‚Erziehungsstils‘ oder einer bestimmten ‚Erziehungstechnik‘". Sie bilden vielmehr die Grundlagen für Maßnahmen und Strategien eines Gesamtkonzepts, das je nach Situation und Entwicklungsstand zu variieren ist. Sie sind nie isoliert zu sehen, „sondern in ihrer jeweiligen Beziehung zueinander und insbesondere zur grundlegenden Bereitschaft zu empathisch-prosozialem Empfinden und Handeln (zur ‚selbstverstärkenden Einfühlung und Wertschätzung‘)"[21].

(2) Groms Kritik an der kognitiv-strukturgenetischen Theorie Kohlbergs

Grom widerspricht der Theorie Lawrence Kohlbergs, wonach ein solches prosoziales Verhalten durch eine Stufenfolge von sich ablösenden Grundmustern aufgebaut werde. Die Moral des Kleinkinds ist für Grom weder durchgehend heteronom noch ausschließlich individualistisch bestimmt. Vielmehr erkennt er schon im Kleinkindalter ein prosoziales Verhalten, das mehrfach motiviert und orientiert ist.

„Neben den eigenen empathisch-prosozialen Gefühlen und Einsichten bestimmen es auch – anfangs sogar überwiegend – Einflüsse der Umgebung: Nämlich positiv ihre Nachahmungsanreize und Belohnungen; negativ ihre mehr oder weniger verinnerlichten Zwänge (...). Autonomes und heteronomes Sozialsein lösen sich also nicht einfach ab, sondern bestehen zunächst als *verschieden ausgeprägte Teilstrukturen nebeneinander.*"[22]

Den Einwand, in der kindlichen Moral werde nicht nur heteronom geurteilt, bestätigen inzwischen auch Kohlberg-Schüler. Elliot Turiel hat gezeigt: Bereits kleine Kinder verstehen die Begründung für universelle moralische Regeln, z. B. das Verbot, einen anderen zu schlagen und ihn zu bestehlen, und können solche Normen sehr wohl unterscheiden von Klugheitsregeln, etwa: Die Zähne zu putzen oder von bloß kulturspezifischen sozialen Konventionen wie dem Verbot, Spaghetti mit den Fingern zu essen.[23] Im Unterschied zu Grom sehen andere Forscher in solchen Ergebnissen jedoch nicht eine Negation, sondern eher eine Weiterentwicklung von Kohlbergs Ansatz.[24]

1.2 Die wachsende Bedeutung kognitiven moralischen Lernens

Während in der herkömmlichen Moralerziehung – auch bei Grom – die Motivation in der Wertvermittlung durch normative Vorgaben anderer im Vordergrund steht, lassen neueste soziologische und psychologische Forschungsergebnisse eine wachsende Bedeutung des kognitiven Lernens erkennen.

Mit Begriffen wie Rationalisierung oder Modernisierung beschreibt die Soziologie heute u. a. den Sachverhalt, dass überkommene Werte in der Industriegesellschaft mehr und mehr ihre Gültigkeit verlieren. Sie gelten nicht mehr „als gleichsam unbefragte überindividuelle und individuelle Wegmarken, die das Handeln orientieren".[25] Als Grund dafür sieht Niklas Luhmann die fortschreitende Rationalisierung und funktionale Differenzierung der zurückliegenden zwei Jahrhunderte. Sie habe dazu geführt, dass unser Handeln gegenüber früher stärker von kognitiven als von normativen Gründen bestimmt werde. Und diese Grundthese einer fortschreitenden Rationalisierung gelte, auch wenn wir keineswegs immer rational entscheiden, uns z. B. durch kognitive oder affektive Suggestionen der Werbung verführen lassen. Anders gesagt: die Steuerung unseres Verhaltens erfolgt überwiegend kognitiv. Das kann dazu führen, dass wir manchmal Werte nur vorschützen (z. B. in Parteiprogrammen), in Wahrheit aber eher strategisch-opportunistisch entscheiden. Wenn es darum geht, gesellschaftliche Prozesse zu steuern, reden wir weniger von Wertkonflikten als von Sachzwängen.[26] Entscheidend ist dann jedoch, wie wir den Begriff des Rationalen fassen: nur im Sinne der instrumentellen Vernunft – oder als Reflexion auf das Gelingen des Menschseins!

Dieser gesellschaftlichen Entwicklung entspricht psychologisch gesehen die These, wonach unter den verschiedenen Faktoren moralischer Sozialisation dem kognitiven Moment besondere Bedeutung zukommt. Im Anschluss an Gertrud Nunner-Winkler[27] kann man vier heute vorwiegend vertretene Modelle moralischer Sozialisation „etwas plakativ vereinfacht" so skizzieren:

1. *Das Konditionierungsmodell:* Moralische Sozialisation geschieht, indem erwünschtes Verhalten belohnt, unerwünschtes bestraft wird. Verstärkung und Sanktionierung sind die Maßnahmen dieses im Behaviorismus (B. F. Skinner) entwickelten „operanten Konditionierens". Nunner-Winkler verweist auf die früheste Stufe moralischer Entwicklung nach Kohlberg: „Normen gelten, sofern sie durch Sanktionen gesichert sind, und Sanktionsvermeidung ist das Motiv der Normbefolgung."[28]

2. *Das Überich-Modell:* Nicht äußere Sanktionierung wie vorher, sondern Angst vor innerer Bestrafung durch ein „Überich" ist hier das zentrale Motiv der Normbefolgung. Dieses auf Sigmund Freud aufbauende Modell „unterstellt, dass das Individuum ursprünglich extern gesetzte Normen verinnerlicht, und zwar in Form eines Überichs, das alle Handlungen kontrolliert und überwacht und jegliche Normübertretungen mit strengen internen Sanktionen (schlechtes Gewissen, Schuldgefühle) ahndet".[29]

3. *Das Modell der Triebüberformung:* Ansatzpunkt dieses Modells ist die Formbarkeit des Individuums, das nicht durch Instinkte festgelegt und für die Einflüsse Anderer offen ist. „Das Kind antwortet mit affektiver Besetzung auf Menschen, die seine primären Bedürfnisse (Nahrung, Wärme) befriedigen" und macht sich damit von der affektiven Zuwendung der Bezugspersonen abhängig. „Um diese nicht zu verlieren, ist es bereit, ihre normativen Erwartungen (...) zu übernehmen."[30] Anders als im „Überich-Modell" erfährt das Individu-

um aber seine von der Bezugsperson abweichenden Bedürfnisse nicht mehr, da es schon zuvor „will, was es soll".

Nunner-Winkler hält es für unbefriedigend, dass in den drei genannten Modellen nur moralexterne Motive oder Ursachen herangezogen werden, um moralisches Verhalten zu erklären. Sie sieht damit die Wege moralischer Sozialisation keineswegs erschöpfend beschrieben. Nötig sei eine Ergänzung um ein viertes Modell.

4. *Das Modell freiwilliger Selbstbindung aus Einsicht:* „Dieses Modell erlaubt der Tatsache Rechnung zu tragen, dass Individuen nach den Geltungsgründen für Normen fragen und dass die Einsicht in die Richtigkeit bestimmter Handlungen selbst zum Motiv werden kann."[31] Heute, in der Phase des Modernisierungsprozesses, gewinne dieses Modell zunehmend an Bedeutung, wie sich an Veränderungen im intrafamilialen System wie am kulturellen Wandel belegen lasse.

Ethisches Lernen, das war unsere Ausgangsthese, umfasst immer Momente des kognitiven und des motivationalen Lernens. Beide Momente scheinen in dem Modell freiwilliger Selbstbindung aus Einsicht eine sachgemäße Verbindung einzugehen. Nach diesem Modell vollzieht sich moralisches Lernen als *Einsicht in das sittlich Richtige, die zur selbst verantworteten Bindung an das als richtig Erkannte führt.*[32]

Dieser Weg moralischen Lernens ist den zuvor genannten drei Modellen aus folgenden Gründen vorzuziehen:

- Er trägt der durch soziologische und psychologische Forschungen aufgewiesenen zunehmenden Rationalisierung unserer Lebenswelt Rechnung;
- er folgt dem Ansatz einer Autonomen Moral, die im Anschluss an Immanuel Kant die neuzeitliche Wende zum Subjekt vollzieht, von der Erfahrung der Freiheit ausgeht und Sittlichkeit als Bindung an das absolut Gute versteht;
- er entspricht damit im Blick auf die christliche Moralpädagogik dem theologisch-ethischen Ansatz der „Autonomen Moral im christlichen Kontext"[33], der eine ethische Zeitgenossenschaft des Christen mit der Moderne ermöglicht, insofern er Moral von der Freiheit und Eigenverantwortlichkeit des Menschen her denkt;
- er wird dem Lernen in der Schule am besten gerecht, wo Lernprozesse mit kognitiven Inhalten im Vordergrund stehen, die zur Selbstverantwortung und Mündigkeit des Schülers führen sollen.

Das vierte Modell lässt sich von diesen Merkmalen her als ein Konzept „ethischen (und nicht einfach moralischen) Lernens" bezeichnen. Dies entspricht der im „Compassion"-Projekt intendierten Verbindung von Erleben und Reflektieren: *Von Motivation, die aus Kognition – sprich: Aus der Reflexion über Erlebtes – entsteht.*

Dieses Modell der *freiwilligen Selbstbindung aus Einsicht* soll im zweiten Teil konkretisiert werden am Beispiel von Dilemmadiskussionen im Unterricht.

Teil 2 Dilemmadiskussionen: *ethisch, didaktisch, methodisch*

Als Dilemma gilt „die Schwierigkeit der Wahl zwischen zwei Dingen, wenn für beide gleichwertige Gründe sprechen".[34] Ein moralisches Dilemma wäre dann die Schwierigkeit, zu wählen zwischen Handlungsweisen, in denen hochrangige ethische Werte und Normen konkurrieren. Moralische Dilemmata begegnen uns im politischen und gesellschaftlichen Leben bis hin zum Schulalltag:[35]

– Darf ich bei einem Leistungstest abschreiben, auch wenn meine Klassenkameraden dadurch benachteiligt werden?
– Soll ich lügen, um eine Freundschaft zu erhalten?
– Muss die Leistung eines schwachen Schülers, der sich besonders bemüht hat, besser bewertet werden als die „objektiv" gleichwertige Leistung eines begabten, aber faulen Mitschülers?

Dilemmageschichten veranschaulichen solche Entscheidungskonflikte. Sie finden sich in der Literatur, man kann sie aber auch selbst erfinden, wie Lawrence Kohlberg das inzwischen bekannte „Heinz-Dilemma":

Eine Frau droht an einer besonderen Form der Krebserkrankung zu sterben. Es gibt nur ein Medikament, von dem die Ärzte noch Hilfe erwarten. Doch der Apotheker, der dieses Medikament entwickelt hat, verlangt zehnmal mehr dafür, als ihn die Herstellung kostete. Heinz, der Ehemann der kranken Frau, versucht, sich bei allen seinen Bekannten Geld zu leihen, doch er bekommt nur die Hälfte des verlangten Preises zusammen. Er erzählt dem Apotheker, dass seine Frau im Sterben liege, und bittet diesen, ihm die Medizin billiger zu geben oder ihm Kredit zu gewähren. Doch der Apotheker lehnt ab. Heinz ist ganz verzweifelt und überlegt, ob er in die Apotheke einbrechen und das Medikament stehlen soll.[36]

Die zweite Geschichte stammt aus der moralpädagogischen Literatur:

Sabine und Karin sind eng befreundet. Eines Tages gehen sie in ein Kaufhaus. Karin sieht eine Bluse, die ihr gut gefällt, und geht zum Anprobieren in eine Umkleidekabine. Als sie wieder herauskommt, hat sie schon ihren Mantel an und verlässt sofort das Kaufhaus. Sabine sieht: Unter dem Mantel trägt Karin die Bluse. Wenige Augenblicke später stellt der Kaufhausdetektiv Sabine und fordert sie auf, den Namen ihrer Freundin zu nennen.[37] Eine dritte Geschichte formulierte ein Lehrer für den Unterricht in seiner 8. Hauptschulklasse:

Im Fußball-Bundesligaspiel des Karlsruher SC gegen den FC Freiburg erzielt der Karlsruher Stürmer Sean Dundee in der 89. Spielminute das 1:0 für den KSC. Soll er zugeben, dass er das Tor, das den Abstieg der Freiburger besiegeln würde, mit der Hand erzielt hat – und dadurch nicht nur die Siegprämie für sich und seine Mannschaft verschenken, sondern sogar eine Sperre riskieren?

Eine Dilemmadiskussion sucht, ausgehend von einer solchen Geschichte, einen Weg der Entscheidung zwischen konkurrierenden Werten und Normen. Dies soll im Folgenden unter ethischen wie unter didaktischen Perspektiven betrachtet werden.

2.1 Die ethische Bedeutung von Dilemmadiskussionen

Warum ist es ethisch gesehen sinnvoll, Dilemmageschichten zu diskutieren? Dilemmadiskussionen können Antwort geben auf fünf Grundfragen ethischer Reflexion.

(1) Wie verläuft ethische Urteilsbildung?

Sabines Dilemma beim Kaufhausdiebstahl ihrer Freundin Karin führt zu gegensätzlichen Urteilen. „Es geht doch nicht", dass Karin die Bluse einfach klaut und Sabine dieses Verhalten deckt, sagen die Lehrer. „Es geht doch nicht", dass Sabine ihre beste Freundin verpetzt, sagen die Achtklässlerinnen. Was geht – was geht nicht? Was sittlich „geht" und was „nicht geht", sagt dem Menschen zunächst die Erfahrung. Dies ist eine These, die in der Geschichte der Ethik eine lange Tradition hat. Seit Aristoteles[38] gilt die Erfahrung als die Lehrmeisterin der Moral. Kant prägt die Formel, Erfahrung sei der „Probierstein aller Wahrheit"[39]. Die jungen Leute, schärft Rousseau dem Erzieher Emiles ein, „dürfen nichts aus Büchern lernen, was sie aus der Erfahrung lernen können"[40].

Auch die Ethik der Bibel – von den Zehn Geboten bis zu den „Haustafeln" der neutestamentlichen Briefe – lässt erkennen: Ethische Normen fallen nicht ‚vom Himmel', sondern werden im Erproben und Verwerfen von Lösungen in den Konfliktsituationen des Alltags gefunden. Dilemmata sind nichts Anderes als solche

Konstellationen der Erfahrung, die das richtige und gute Handeln verlangen und uns zu ‚Versuch und Irrtum' herausfordern. Die Bedeutung der Erfahrung für die ethische Reflexion umschreibt Dietmar Mieth[41] in drei sich steigernden Perspektiven:

- Kontrasterfahrung: Ich erkenne: Etwas „geht" – oder „geht nicht" – in dem Sinn, dass menschliches Dasein auf diesem Wege glückt oder missglückt;
- Sinnerfahrung: Etwas geht mir auf, leuchtet mir ein, überzeugt mich;
- Motivationserfahrung: Etwas geht mich an, ich kann mich seinem Anspruch nicht entziehen.

Sind Normen verbindlich?

Die vielbeschworene Individualisierung der jugendlichen Lebensmuster zielt nicht darauf, Normen und Institutionen generell abzulehnen; auch heute brauchen junge Menschen deren unverzichtbare Entlastungsfunktion.[42] Aber offensichtlich haben sich viele Institutionen – auch die Kirchen – zu sehr auf den Anspruch ihrer Autorität verlassen und dadurch ihre integrierende Funktion verloren. Die oft zitierte Tradierungskrise der christlichen Moral nennt Dietmar Mieth deshalb treffender eine Integrierungskrise: An die Stelle appellativer Deklamationen müssten Analyse und Argumentation treten.[43] Die „Schwächung der traditionellen vertikalen Autoritätslinien"[44] erfordert eine neue Begründung der Verbindlichkeit von Normen.

Diese Chance bieten – auf den Unterricht bezogen – exemplarisch Dilemmadiskussionen. Hier wird die Lösung für den Konflikt ja nicht von einer Autorität verordnet, sondern in einer Diskussion gesucht, im offenen Austausch der Argumente. „Offen, rational, herrschaftsfrei" sind nach Jürgen Habermas und Karl-Otto Apel die Merkmale dieser sog. „Diskursethik".[45] Die vorgeschlagenen Lösungen haben durchaus normativen Anspruch; aber das Verfahren der Lösungssuche macht zugleich deutlich, dass dieser Anspruch davon abhängt, wie differenziert die Situation wahrgenommen und auf das Menschsein als ganzes bezogen wird. So zeigt sich: Die Verbindlichkeit von Normen entspringt nicht der Autorität, die sie vertritt, sondern der inneren Stimmigkeit und Plausibilität der Normen.[46]

(3) Wie finden wir Normen?

„Soll Heinz einbrechen, um das Medikament zu stehlen?" Diese Kernfrage des Heinz-Dilemmas wurde im Unterricht von Hauptschülern einer 8. Klasse zunächst im Sinne deontologischer Normenbegründung beantwortet: „Nee, das wär' dann einfach ein Verbrechen", sagt Alexander. Sprich: Stehlen ist unmoralisch, Einbrechen ist verboten. In der Diskussion wird nach einigem Nachdenken jedoch eine zweite Norm genannt, nämlich das Verbot, die schwer kranke Frau sterben zu lassen, obwohl man es verhindern könnte – positiv ausgedrückt: Das Gebot, Leben zu erhalten. „Da hockt man lieber ein paar Jahre ins Gefängnis, anstatt wenn jemand stirbt, der noch so jung ist!", begründet Susanne ihr Votum, Heinz müsse das Medikament auf jeden Fall stehlen. Die im Dilemma auftretende Konfrontation der beiden Normen zwingt dazu, die jeweiligen Handlungsfolgen abzuwägen und die dann für richtig erachtete Handlungsweise in einer Güterabwägung, also teleologisch zu begründen.

Kohlberg nennt als Ziel eines autonomen moralischen Handelns, „für moralische Probleme eine Lösung zu entwickeln, die (...) die Rechte anderer respektiert und dennoch das Wohlergehen aller Betroffenen fördert".[47] Er selbst akzeptiert dafür die Kurzformel: „Das Gute für jedermann in gleicher Weise." Von Anfang an besteht das Ziel der moralischen Entwicklung für ihn darin, dass – im Anschluss an Kants kategorischen Imperativ – jede Person als Zweck an sich respektiert wird und universale Prinzipien in ihrem Anspruch als unbedingt erfahren werden.[48] Ausgangspunkt ist also die deontologische Frage nach dem, was mich unbedingt verpflichtet (to deon).

In der auf moralische Autonomie zielenden Dilemmadiskussion bestätigt sich somit die These, Teleologie und Deontologie schlössen sich nicht aus: Das „telos" teleologischer Argumentation „begründet deren sittliche Verpflichtung und ist somit selbst deontologisch bestimmt. Pflichtethik im Sinne solch letztgültiger Verpflichtung auf einen Grundwert steht somit auch nicht im Gegensatz zu einer teleologischen Verantwortungsethik."[49]

(4) Wie kommen wir zum Handeln?
Die Letztbegründung der Moral von universalen Prinzipien her ist in eine Krise geraten. Das Bewusstsein der unaufhebbaren kulturellen Differenzen, die zunehmenden Individualisierungen, das Auseinanderdriften unserer Lebenswelten stellen den universalen Anspruch etwa der Menschenrechte in Frage. Nichts scheint im zeitgenössischen ethischen Diskurs verdächtiger, stellt Johann Baptist Metz fest, als das Universale. „Gibt es überhaupt noch so etwas wie ein ethisch konzeptualisierbares moralisches Universum? (...) Gibt es noch so etwas wie einen Universalismus der Verantwortung, angesichts der offensichtlich immer deutlicher werdenden moralischen

Erschöpfung Europas, dem diese universalistische Vision ja entstammt?"[50] Was ist denn, fragt Metz, das „allgemeine Gute", das die
Kulturen nicht relativiert, sondern konstituiert? Seine Antwort: das
Eingedenken fremden Leids.[51] In Gleichnissen Jesu – wie etwa dem
vom „Barmherzigen Samariter"- wird deutlich: Kriterium für Maß
und Umfang unserer Verantwortung ist das fremde Leid. Diese
„Compassion" ist eine „Gestalt des Universalismus, auf die nicht verzichtet werden kann".[52]

Dilemmageschichten können diese Autorität des fremden Leids
ins Spiel bringen. Die Krankheit von Heinz' Frau hat mehr Gewicht
als das Geschäftsinteresse des Apothekers. Je mehr der moralische
Diskurs von einem konventionellen zu einem universalen Maßstab
fortschreitet, macht die Perspektive der wechselseitigen Erwartungen
einer Empathie Platz, die fähig ist, fremdes Leid wahrzunehmen und
zur Sprache zu bringen.

(5) Ist der Glaube wichtig für die Moral?

Die ethische Argumentation, wie sie sich in Dilemmadiskussionen
vollzieht, ist – wie schon deutlich wurde – der sog. Diskursethik ver-
wandt. Jürgen Habermas hat die rational einsichtigen und unbedingt
verpflichtenden letzten Prinzipien der Ethik in Verbindung gebracht
mit den großen religiösen Traditionen der Menschheit. Er glaube
nicht, sagt er, „dass wir als Europäer Begriffe wie Moralität und Sittlichkeit, Person und Indidvidualität, Freiheit und Emanzipation (...)
ernstlich verstehen können, ohne uns die Substanz des heilsgeschichtlichen Denkens jüdisch-christlicher Herkunft anzueig-
nen".[53] Das Unverfügbare,[54] das uns auch in Dilemmadiskussionen
als Horizont der Letztbegründung begegnet, meint also nicht nur ein
rational nicht hinterfragbares Prinzip ethischer Verpflichtung, sondern zielt auf die unverfügbare Sinnbedingung unserer Existenz, die
wir in religiösen Daseinshaltungen und in praktisch-kommunikati-
ven Lebensformen anerkennen.[55]

Nicht jede Dilemmadiskussion wird in die Frage nach dem un-
verfügbaren Sinn des Daseins einmünden. Doch ist das kulturelle
Bewusstsein heute offener für den Sinn und die Möglichkeit eines
religiösen Wirklichkeitsverständnisses.[56] Kohlbergs Antwort – das
Konzept einer „siebten Stufe, die über den moralischen Prinzipien
liege und eine kosmische Perspektive beinhalte" – hält Anton A. Bucher für fragwürdig.[57] Die aus theologischer Sicht überzeugende Antwort ist die These Alfons Auers in seiner Darstellung der „Autonomen Moral im christlichen Kontext":[58] Der Prozess der ethischen

Bewusstseinsbildung ist autonom, d. h. nicht aus theologischer Wahrheit ableitbar, jedoch in einen „Sinnhorizont des Glaubens" eingebettet, aus dem er kritische, stimulierende und integrierende Impulse erhält.

2.2 Die didaktischen Intentionen von Dilemmadiskussionen

Welche Ziele lassen sich beim Einsatz von Dilemmageschichten im Unterricht verfolgen? Die folgenden Vorschläge bauen auf den fünf vorangegangenen Fragen auf.

(1) Den Erfahrungsvorsprung der jungen Generation ins Spiel bringen

Die Differenziertheit der modernen Lebenswelt hat zur Folge, dass die Älteren – Eltern, Lehrer, Ausbilder – nicht immer die Erfahreneren sind. Auf vielen Feldern ist die Erfahrungskompetenz der Jüngeren heute größer. Die amerikanische Ethnologin Margaret Mead hatte schon 1970 diese Umkehrung des Erfahrungsvorsprungs zugunsten der jüngeren Generation angekündigt. Er äußert sich nicht nur beim Anschaffen von Computern, Unterhaltungselektronik oder Sportgeräten[59], sondern auch bei Entscheidungen, die unmittelbar ethische Zusammenhänge betreffen, etwa in der Welt der Freizeit, der Massenmedien, der Mode, des Konsums oder der Technik. Jugendliche kennen oft besser als ihre Eltern die Spielregeln der ersten sexuellen Kontakte, des Starkults, der Ellenbogenmentalität, der Markenprodukte, des sportlichen Erfolgs. Die Achtklässler, die Dundees Dilemma diskutieren, wussten besser als ihr Lehrer, ob das DFB-Sportgericht einen Fernsehbeweis anerkennen würde, der Dundees Handspiel zeigt.

Wo Dilemmageschichten der Lebenswelt der Jugendlichen entstammen – Klasse, Schule, Clique, Szene –, sind sie in der Lage, diese Welt abzubilden und narrativ zu verdichten. In der Dilemmadiskussion und in der Urteilsfindung können die Jugendlichen dann ihre Kompetenz ins Spiel bringen.

(2) Unterschiedliche Vorstellungen der Klasse vom „guten Leben" artikulieren

Eine Dilemmageschichte ist dann plausibel, wenn der moralische Konflikt, den sie schildert, nachvollziehbar ist. Diese Nachvollziehbarkeit hängt nicht in erster Linie daran, ob das Dilemma der Lebenserfahrung der Schüler entstammt. Barry K. Beyer[60] macht mit Recht darauf aufmerksam, die Konflikte könnten auch aus dem gesellschaftlichen Leben allgemein oder aus geschichtlichen Situationen kommen; sie dürfen sogar fiktiv sein. Unterrichtsstunden dokumentieren, dass die Schüler die historische Distanz zu der erzählten Situation erkannten oder auf die unwahrscheinlichen gesellschaftlichen Rahmenbedingungen hinwiesen (z. B. im Heinz-Dilemma), aber dennoch bereit waren, die vorgegebene Konfliktsituation zu diskutieren. Gelegentlich erleichtert die Distanz das Urteilen. Entscheidend ist, ob die Ausgangssituation klar, der ethische Konflikt nachvollziehbar und das Suchen nach einer Lösung motivierend ist. In der Nachvollziehbarkeit des Konflikts, vor allem aber in der diskursiven Suche nach der ethisch richtigen Lösung spiegeln sich die unterschiedlichen Vorstellungen vom (sittlich) guten Leben, die in der Klasse vorhanden sind.

(3) Im ethischen Abwägen und im Aushandeln von Lösungen schulen

Jugendliche sind das Aushandeln von Lösungen aus der familiären Situation heraus gewohnt, vertreten mit Vehemenz die eigene Meinung, sind aber auch konfliktfähig und bereit, mit den Erwachsenen um Kompromisse zu ringen. Der Diskurs in der Klassengemeinschaft trägt darüber hinaus der gewachsenen Bedeutung der Gleichaltrigen-Gruppe Rechnung: „Viele Jugendliche finden ihre wichtigsten Bezugspersonen bei ihren Peers."[61] Es ist die Chance der Dilemmadiskussion, nicht „zur Übernahme von fertigen Paketen des ‚richtigen Lebens'", sondern zum beständig neuen Aushandeln von Normen, Zielen und Wegen zu befähigen.[62] Dundee soll sein Handspiel nicht zugeben, „weil andere Mannschaften auch schon beschissen haben", sagte ein 13-jähriger KSC-Fan in unserem Unterrichtsbeispiel. Aus universalistischer Perspektive scheint man widersprechen zu müssen – doch der Lehrer reagierte anders. Auf den Einwand eines Mitschülers „Falsche Antwort!", erwiderte er „Aber es ist seine Antwort! Das ist die Frage, ob es hier richtige oder falsche Antworten gibt!" Kein abstraktes Prinzip, sondern die Entwicklung der moralischen Urteilsfähigkeit gibt die Kriterien dafür, inwiefern die Diskursteilnehmer fähig sein können, die Interessen der anderen „auch in deren Perspektive wahrzunehmen"[63].

(4) In komplexen Lebensverhältnissen dem Einzelfall gerecht werden

Die Diskursethik räumt – im Unterschied zu Kant – der realen Handlungsorientierung ein Eigenrecht ein. Die Kriterien der Zumutbarkeit und der Verantwortbarkeit der Folgen setzen das Moralprinzip nicht außer Kraft, können aber dessen Anwendung im Blick auf gute Gründe von Betroffenen einschränken.[64] Über die richtige Lösung moralischer Konflikte gibt es offensichtlich sehr divergierende Meinungen, die sich nicht einfach durch den Rekurs auf übergeordnete Werte oder verpflichtende Prinzipien harmonisieren lassen. So kann die ethische Beratung in Dilemmasituationen sich eben nicht auf ein Schema ewiger Gewissheiten berufen, wenn sie dem Einzelfall gerecht werden will.[65] Nach Walter Lesch reagiert die „angewandte Ethik" darauf „mit der Rehabilitierung des Klugheitsmodells, das die Urteilskraft an der Analyse von Einzelfällen schult".[66] Man kann darin eine neue Gestalt der alten „kasuistischen Ethik" sehen: Sie wertet die Anwendungsdimension auf und „hebt Elemente der moralischen Urteilsbildung in Einzelfällen hervor, die von der Regel- und Prinzipienethik oft unterschlagen oder vernachlässigt worden sind".[67]

(5) Zur Anerkennung gesellschaftlich-ethischer Pluralität befähigen

Die Klasse kann als „Diskursgemeinschaft" begriffen werden, in der die Argumente ausgetauscht und die vorgeschlagenen Lösungen geprüft werden. Dabei werden Behauptungen aufgestellt, die in der Folge gerechtfertigt, schließlich modifiziert, revidiert oder validiert werden.[68] Moralpädagogisch wichtig ist, dass der Lehrer die moralischen Urteile und ihre Begründung durch die Diskursteilnehmer nicht ethisch qualifiziert oder gar in Rangstufen einteilt. Er sollte darauf hinarbeiten, dass die Diskursteilnehmer im Gespräch Kriterien finden, die eigenen Begründungen zu beurteilen. Dabei ist ihrer psychologischen Genese Rechnung zu tragen, etwa im Sinne des strukturgenetischen Ansatzes von Kohlberg.

Aber auch die gesellschaftliche Wirklichkeit ist einzubeziehen: Die Offenheit, die Flexibilität, die Vielfalt und die Bereitschaft zum Experiment, die die Biografien Jugendlicher und junger Erwachsener in der Risikogesellschaft kennzeichnen. Man könnte Ulrich Becks Wort von der „Bastel-Biografie"[69] abwandeln und im Blick auf die Moralerziehung von einer „Bastel-Moral" der Jugendlichen sprechen, die sich in Dilemmadiskussionen vorzeigen, ausprobieren und umbauen lässt.

Fazit

Es soll nicht der Eindruck entstehen, Dilemmadiskussionen gälten hier als *das* Wundermittel für ethisches Lernen. Käme der Lehrer jede Stunde mit einem neuen Dilemma, wäre auch dies schnell wieder langweilig.[70] Man kann jede Methode zu Tode reiten. Dilemmadiskussionen sind vielmehr eine didaktische Struktur ethischen Lernens. D. h.: Ethisches Lernen geschieht – nicht ausschließlich, aber am wirkungsvollsten – als Abwägen zwischen Werten, die konkurrieren. Das beginnt mit der Analyse von Sachverhalten, und das zielt auf die Reflexion der Handlungsfolgen. Lernen an Dilemmata kann auch heißen, Fantasie zu entwickeln, um gar nicht erst in Dilemmata hineinzugeraten.[71] Aus solchem Abwägen wächst freiwillige Selbstbindung aus Einsicht.

Dilemmadiskussionen sind ein kognitiver Vorgang, der zu empathischer Motivation führt. Die kognitive Stimulierung darf aber nicht nur in unterrichtlicher Reflexion geschehen, sie muss integriert werden ins Leben, sie muss verbunden sein mit Praxis.[72] Dilemmata ereignen sich ja zuerst in der Praxis – und dann präsentieren wir sie im Unterricht. In dieser Verbindung von Praxis und darauf bezogener Reflexion liegt die Chance des „Compassion"-Projekts.

Anmerkungen

[1] Als Beispiel kann die Position der informationstheoretisch-kybernetischen Didaktik dienen. Für Felix von Cube kann Didaktik als Wissenschaft keine Ziele setzen, sie will nur Erziehungsstrategien und -techniken entwickeln und optimieren. „Die Ausklammerung der Ziele aus der Erziehungswissenschaft ist eine notwendige Konsequenz des logisch-empirischen Wissenschaftsbegriffes!" (Die kybernetisch-informationstheoretische Didaktik. In: Westermanns Pädagogische Beiträge, 32, 1980, Heft 3, 120–124, hier 123.)

[2] Diese vor allem in der Praxis begegnende Auffassung schildert Adolf Exeler so: „Es gibt eine Moralerziehung, die mit ihren Forderungen gegenüber jungen Menschen den Eindruck erweckt, sie wolle diese genau um ihr Kostbarstes bringen, nämlich die Freiheit. Dann fürchten die jungen Menschen, ihnen würden Verhaltensweisen aufgedrängt, die sie einschränken und kleinhalten." (Gestaltetes Leben – Grundlinien einer Moralpädagogik. In: Katechetische Blätter 102, 1977, Heft 1, 6–23, hier 11.)

[3] Auch Gottfried Adam / Friedrich Schweitzer sprechen von einer „Pluralität von Auffassungen, Positionen und Perspektiven" bezüglich der ethischen Erziehung in der Schule (Dies.(Hg.), Ethisch erziehen in der Schule. Göttingen 1996, 14; vgl. auch 11).

[4] Vgl. den Abschlussbericht der wissenschaftlichen Begleitung, vorgelegt von Lo-

thar Kuld und Stefan Gönnheimer, Pädagogische Hochschule Karlsruhe, 1999, hier 17 u. ö.

[5] In Anlehnung an ein Wort von Aldous Huxley, wonach Erfahrung nicht das ist, was wir erleben, sondern das, was wir aus dem Erlebten machen (vgl. Christ in der Gegenwart 42, 1990, Heft 1, 7).

[6] Beispiele und Schlussfolgerungen bei Christine Reents: Zu den Wurzeln des selbständigen Ethikunterrichts in der deutschen Schulgeschichte. In: Die Christenlehre, 47, 1994, 106–115.

[7] Ulrich Beck: Gegengifte. Die organisierte Unverantwortlichkeit. Frankfurt am Main 1988, 194. Differenzierend dazu Walter Lesch: Die „Ökologisierung" moralischer Kommunikation. In: Ders. / Alberto Bondolfi (Hg.): Theologische Ethik im Diskurs. Tübingen / Basel 1995, 292–312, hier 301.

[8] Vgl. Heinz Schmidt: Didaktik des Ethikunterrichts. 2 Bände. Stuttgart 1983 f.

[9] Etwa Karl Ernst Nipkow: Moralerziehung als Interesse des Pädagogen. In: Alfons Auer / Albert Biesinger / Herbert Gutschera: Moralerziehung im Religionsunterricht. Freiburg 1975, 11–24.

[10] Dem, „der das Wissen und Verstehen des Guten für die entscheidenden Voraussetzungen hält, das Gute auch zu tun", wirft z. B. Günter Stachel „moralpädagogischen Intellektualismus" vor; er konkretisiert diesen Vorwurf in Auseinandersetzung mit Publikationen Karl Ernst Nipkows (Günter Stachel / Dietmar Mieth: Ethisch handeln lernen. Zürich 1978, 38, 65–72).

[11] Vgl. Hubertus Halbfas: Religionsunterricht und Schulkultur. In: Das dritte Auge. Düsseldorf 1982, 165–191, und die darauf aufbauenden Unterrichtswerke.

[12] Schon Stachel fordert „ganzheitliches ethisches Lernen" (a. a. O., 61, 80 u. ö.) und profiliert es in Abhebung vom „moralpädagogischen Intellektualismus", dessen Wurzeln er bei Piagets und Kohlbergs „Tendenz zu kognitiver Einseitigkeit" (80) sieht.

[13] Vgl. David R. Krathwohl: Der Gebrauch der Taxonomie von Lernzielen in der Curriculumkonstruktion. In: Frank Achtenhagen / Hilbert L. Meyer (Hg.), Curriculumrevision – Möglichkeiten und Grenzen. München 1971, 75–97.

[14] Zu einer umfassenden Begriffsklärung vgl. die oben genannten Werke von Stachel / Mieth, Schmidt und Adam / Schweitzer.

[15] Alfons Auer spricht von Personalität, Sozialität und Materialität der Wirklichkeit im Horizont der Geschichtlichkeit und in Relation zur Transzendenz (In: Autonome Moral und christlicher Glaube. Düsseldorf 2. Aufl. 1984, 19–22).

[16] Vgl. Abschlussbericht, 1 f.

[17] Vgl. Gertrud Nunner-Winkler: Zur moralischen Sozialisation. In: Herbert Huber (Hg.): Sittliche Bildung. Ethik in Erziehung und Unterricht. Asendorf 1993, 105–127, hier 105.

[18] Religionspädagogische Psychologie des Kleinkind-, Schul- und Jugendalters. Düsseldorf 1981, bes. 247–284.

[19] Grom, 250.

[20] Grom, 251.

[21] Grom, 251.

[22] Grom, 250.

[23] Vgl. Gertrud Nunner-Winkler: Zur moralischen Sozialisation, hier 105–107.

[24] Vgl. den eindrucksvollen Überblick bei Fritz Oser / Wolfgang Althof: Moralische Selbstbestimmung. Stuttgart 1992, Kap. 6, 188–223.

[25] Constans Seyfarth: Wertwandel und gesellschaftliche Rationalisierung: Eine theoretische Diskussion aktueller Trendaussagen. In: H. O. Luthe / H. Meulemann (Hg.): Wertwandel – Faktum oder Fiktion? Bestandsaufnahmen und Diag-

nosen aus kultursoziologischer Sicht. Frankfurt / New York 1988, 163–192, hier 172. – Vgl. Thomas Olk: Wertewandel oder Wertepluralismus? Jugendliche im Prozess der Individualisierung. In: Informationsdienst Nr. 3. Zukunftsforum Jugend 2000, hg. vom Leiterkreis der Ev. Akademien in Deutschland und Berlin (West), 9–16, hier 12.

[26] Vgl. Niklas Luhmann: Tautologie und Paradoxie in den Selbstbeschreibungen der modernen Gesellschaft. In: Zeitschrift für Soziologie 16/3 (1987), 121–137.

[27] Zur moralischen Sozialisation, hier 107–109.

[28] A. a. O., 107.

[29] Ebd.

[30] A. a. O., 108.

[31] A. a. O., 109.

[32] Sh. dazu aus theologisch-ethischer Sicht Karl-Wilhelm Merks: Autonomie. In: Jean-Pierre Wils / Dietmar Mieth: Grundbegriffe der christlichen Ethik. Paderborn 1992, 254–281, hier 265.

[33] Vgl. Alfons Auer: Autonome Moral und christlicher Glaube. Düsseldorf 2. Aufl. 1984.

[34] Brockhaus-Enzyklopädie in 24 Bänden. 19. Aufl. Band 5, Mannheim 1988, 506.

[35] Vgl. Bruno Osuch: Die Bearbeitung moralischer Dilemmata als didaktischer Kerngedanke. In: Ethik und Unterricht 6. Jg (1995, Heft 1, 12–15, hier 12. – Wichtige Hinweise ergaben Arbeitsgruppen zum Thema „Dilemmata in verschiedenen Schulfächern" beim Fortbildungsseminar für Compassion-Lehrer am 10./11. 3. 1998 in Sasbach.

[36] Vgl. Fritz Oser/ Wolfgang Althof, 171 f.

[37] Vgl. Thomas Lickona: Wie man gute Kinder erzieht. München 1989

[38] Vgl. Stephan H. Pfürtner, Ethik in der europäischen Geschichte, Band I. Stuttgart 1988, 42.

[39] Vgl. Alfons Auer, Umweltethik. Düsseldorf 1984, 34.

[40] Jean-Jacques Rousseau: Emil oder über die Erziehung. (1762) Paderborn 1972, 259; vgl. 71.

[41] Dietmar Mieth: Die Bedeutung der menschlichen Lebenserfahrung. Plädoyer für eine Theorie des ethischen Modells. In: Moral und Erfahrung. Freiburg / Schweiz 1977, 111–134, hier 120–124.

[42] Vgl. Gertrud Nunner-Winkler: Veränderte Wertorientierungen, neue Identitätskonzepte. In: Informationsdienst Nr. 3. Zukunftsforum Jugend 2000, hg. vom Leiterkreis der Ev. Akademien in Deutschland und Berlin (West), Frankfurt am Main 1990, 3–8, hier 4.

[43] Dietmar Mieth: Tradierungsprobleme christlicher Ethik. Zur Motivationsanalyse der Distanz von Gaube und Kirche. In: Erich Feifel / Walter Kasper (Hg.): Tradierungskrise des Glaubens. München 1987, 101–138, hier 120. 115

[44] Karl Gabriel: Jugend, Religion und Kirche im gesellschaftlichen Modernisierungsprozess. In: Karl Gabriel / Hans Hobelsberger (Hg.): Jugend, Religion und Modernisierung. Opladen 1994, 53–73, hier 57.

[45] Der Rezeption der Diskurstheorie in der Theologischen Ethik widmet sich der Band von Walter Lesch / Alberto Bondolfi (Hg.): Theologische Ethik im Diskurs. Tübingen / Basel 1995. Dort finden sich Literaturhinweise zur Diskursethik (z. B. 21–23).

[46] Vgl. Alfons Auer: Die Moral gehört nicht an den Rand. Interview im Rheinischen Merkur vom 16. April 1993.

[47] Lawrence Kohlberg u. a.: Die Wiederkehr der sechsten Stufe. In: Wolfgang Edel-

stein / Gertrud Nummer-Winkler (Hg.): Zur Bestimmung der Moral. Frankfurt 1986, 205–240, hier 213

[48] Vgl. Anton A. Bucher: Die Moraltheorie von Lawrence Kohlberg als Paradigma für Moraltheologie und religiös-sittliche Erziehung. In: Volker Eid / Antonellus Elsässer / Gerfried W. Hunold (Hg.): Moralische Kompetenz. Chancen der Moralpädagogik in einer pluralen Lebenswelt. Mainz 1995, 37–75, hier 55.

[49] Franz Furger: Sind Teleologie und Deontologie Gegensätze? In: Herder-Korrespondenz 36 (1982), 606–605, hier 605. Ähnlich Peter Müller-Goldkuhle: Ein Streit, der nicht sein müsste. In: Herder-Korrespondenz 36 (1982), 606–609, hier 608. Vgl. auch Walter Lesch: Probleme und Traditionen „angewandter Ethik". In: Walter Lesch / Alberto Bondolfi, 259–268, hier 263.

[50] Johann B. Metz: Im Eingedenken fremden Leids. In: Katechetische Blätter 122 (1997), 78–87, hier 79.

[51] Vgl. J. B. Metz, a. a. O., 80.

[52] J. B. Metz: Mit der Autorität der Leidenden. Compassion – Vorschlag zu einem Weltprogramm des Christentums. In: Feuilleton-Beilage der Süddeutschen Zeitung. Nummer 296. Weihnachten 1997

[53] Jürgen Habermas: Nachmetaphysisches Denken. Frankfurt am Main 1988, 23.

[54] Dietrich Böhler: Menschenwürde und Menschentötung. Über Diskursethik und utilitaristische Ethik. In: Zeitschrift für Evangelische Ethik 35. Jg. 1991, 166–186, hier 166.

[55] Vgl. Thomas Rentsch: Religiöse Vernunft: Kritik und Rekonstruktion. In: Hans-Joachim Höhn (Hg.): Krise der Immanenz. Frankfurt am Main 1996, 235–262, hier 255.

[56] Vgl. Karl Gabriel: Gesellschaft im Umbruch – Wandel des Religiösen. In: Höhn, 31–49, hier 46 f.

[57] Die Moraltheorie von Lawrence Kohlberg, 64.

[58] Alfons Auer: Autonome Moral und christlicher Glaube, 212 f.; vgl. ders.: Ein Modell theologisch-ethischer Argumentation. In: Alfons Auer / Albert Biesinger / Herbert Gutschera (Hg.): Moralerziehung im Religionsunterricht. Freiburg 1975, 27–57, hier 53.

[59] Vgl. Karl Lenz: Freiheiten, Abhängigkeiten und Belastungen. Jugendliche im Sog der Modernisierung und Individualisierung. In: Gabriel / Hobelsberger, 11–29, hier 17 f.

[60] Moralische Diskussion im Unterricht: Wie macht man das? In: Lutz Mauermann / Erich Weber (Hg.): Der Erziehungsauftrag der Schule. Donauwörth 1978, 183–192, hier 186 f.

[61] Karl Lenz: Freiheiten, Abhängigkeiten und Belastungen. In: Gabriel / Hobelsberger, 17.

[62] Heiner Keupp: Lebensbewältigung in Kindheit und Jugend in der „Risikogesellschaft". In: Gabriel / Hobelsberger, 31–49, hier 47.

[63] Matthias Möhring-Hesse: Ein Sprung in die Gegenwart. Überlegungen zur diskurstheoretischen Transformation christlicher Gesellschaftsethik. In: Lesch / Bondolfi, 163–190, hier 170.

[64] Vgl. Dietrich Böhler: Menschenwürde und Menschentötung, 182.

[65] Vgl. Walter Lesch: Probleme und Traditionen „angewandter Ethik", in: Lesch / Bondolfi, 259–268, hier 260.

[66] Ebd.

[67] Kurt Bayertz: Praktische Philosophie als angewandte Ethik. In: Ders. (Hg.): Praktische Philosophie. Grundorientierungen angewandter Ethik. Reinbek 1991, 7–47, hier 17.

⁶⁸ Vgl. Anne Fortin-Melkevik: Religion und ethische Rationalität in der Moderne. In: Lesch / Bondolfi, 44–71, hier 56–59.
⁶⁹ Risikogesellschaft. Frankfurt 1986, 217, unter Verweis auf P. Gross. Vgl. Jörg Bopp: Spätere Heirat ausgeschlossen. In: Publik-Forum Nr. 4/1998, 57
⁷⁰ Vgl. Michael Tiedtke: Das Unterrichtsexperiment. In: Achim Leschinsky: Vorleben oder Nachdenken. Frankfurt 1996, 138–162, hier 140.
⁷¹ Vgl. Dietmar Mieth: Geburtenregelung. Mainz 1990, 26.
⁷² Vgl. Fritz Oser: Moralpsychologische Perspektiven, in: Adam / Schweitzer, 81–109, hier 90. 102.

Literaturverzeichnis

Adam, G. / Schweitzer, F.(Hg.), Ethisch erziehen in der Schule, Göttingen 1996.

Auer, A., Autonome Moral und christlicher Glaube, Düsseldorf ²1984.

Auer, A., Umweltethik, Düsseldorf 1984.

Auer, A., Die Moral gehört nicht an den Rand, Interview im Rheinischen Merkur vom 16. April 1993.

Auer A., Ein Modell theologisch-ethischer Argumentation. In: A. Auer / A. Biesinger./ H. Gutschera (Hg.), Moralerziehung im Religionsunterricht, Freiburg 1975, 27–57.

Bayertz, K., Praktische Philosophie als angewandte Ethik. In: Ders. (Hg.): Praktische Philosophie. Grundorientierungen angewandter Ethik, Reinbek 1991, 7–47.

Beck, U., Gegengifte. Die organisierte Unverantwortlichkeit, Frankfurt 1988.

Beyer, B. K., Moralische Diskussion im Unterricht: Wie macht man das? In: L. Mauermann / E. Weber (Hg.): Der Erziehungsauftrag der Schule, Donauwörth 1978, 183–192.

Böhler, D., Menschenwürde und Menschentötung. Über Diskursethik und utilitaristische Ethik. In: Zeitschrift für Evangelische Ethik 35. Jg. (1991), 166–186.

Brockhaus-Enzyklopädie in 24 Bänden, 19. Aufl. Band 5, Mannheim 1988, 506. (Art. Dilemma).

Bucher, A. A., Die Moraltheorie von Lawrence Kohlberg als Paradigma für Moraltheologie und religiös-sittliche Erziehung. In: V. Eid / A. Elsässer / G. W. Hunold (Hg.): Moralische Kompetenz. Chancen der Moralpädagogik in einer pluralen Lebenswelt, Mainz 1995, 37–75.

Cube, F. v., Die kybernetisch-informationstheoretische Didaktik. In: Westermanns Pädagogische Beiträge, 32, 1980, Heft 3, 120–124.

Exeler, A. Gestaltetes Leben – Grundlinien einer Moralpädagogik. In: Katechetische Blätter 102, 1977, Heft 1, 6–23.

Fortin-Melkevik, A., Religion und ethische Rationalität in der Moderne. In: Lesch W./ Bondolfi, A. (Hg.): Theologische Ethik im Diskurs, 44–71.

Furger, F., Sind Teleologie und Deontologie Gegensätze? In: Herder-Korrespondenz 36 (1982), 605–606.

Gabriel, K. / Hobelsberger, H. (Hg.): Jugend, Religion und Modernisierung, Opladen 1994.

Gabriel, K., Jugend, Religion und Kirche im gesellschaftlichen Modernisierungsprozess. In: K. Gabriel / H. Hobelsberger (Hg.): Jugend, Religion und Modernisierung, Opladen 1994, 53–73.

Gabriel, K., Gesellschaft im Umbruch – Wandel des Religiösen. In: H. J. Höhn (Hg.): Krise der Immanenz, Frankfurt 1996, 31–49.

Grom, B., Religionspädagogische Psychologie des Kleinkind-, Schul- und Jugendalters, Düsseldorf 1981.

Habermas, J., Nachmetaphysisches Denken, Frankfurt 1988.

Halbfas, H., Religionsunterricht und Schulkultur. In: Das dritte Auge, Düsseldorf 1982, 165–191.

Höhn, H. J. (Hg.): Krise der Immanenz, Frankfurt 1996.

Keupp, H., Lebensbewältigung in Kindheit und Jugend in der Risikogesellschaft". In: K. Gabriel / H. Hobelsberger, 31–49.

Kohlberg, L. u. a., Die Wiederkehr der sechsten Stufe. In: W. Edelstein / G. Nunner-Winkler (Hg.): Zur Bestimmung der Moral, Frankfurt 1986, 205–240.

Krathwohl, D. R., Der Gebrauch der Taxonomie von Lernzielen in der Curriculum-konstruktion. In: F. Achtenhagen / H. L. Meyer (Hg.): Curriculumrevision – Möglichkeiten und Grenzen, München 1971, 75–97.

Kuld, L./ Gönnheimer, S., Abschlussbericht der wissenschaftlichen Begleitung, Pädagogische Hochschule Karlsruhe 1999. [MS]

Lenz, K., Freiheiten, Abhängigkeiten und Belastungen. Jugendliche im Sog der Modernisierung und Individualisierung. In: K. Gabriel / H. Hobelsberger, 11–29.

Lesch W./ Bondolfi, A. (Hg.), Theologische Ethik im Diskurs, Tübingen / Basel 1995.

Lesch, W.: Probleme und Traditionen „angewandter Ethik". In: W. Lesch / A. Bondolfi, 259–268.

Lesch, W., Die „Ökologisierung" moralischer Kommunikation. In: Ders. / A. Bondolfi, 292–312.

Lickona, Th., Wie man gute Kinder erzieht, München 1989.

Luhmann, N., Tautologie und Paradoxie in den Selbstbeschreibungen der modernen Gesellschaft. In: Zeitschrift für Soziologie 16/3 (1987), 121–137.

Merks, K. W., Autonomie. In: J.-P. Wils / D. Mieth: Grundbegriffe der christlichen Ethik, Paderborn 1992, 254–281.

Metz, J. B., Im Eingedenken fremden Leids. In: Katechetische Blätter 122 (1997), 78–87.

Metz, J. B., Mit der Autorität der Leidenden. Compassion – Vorschlag zu einem Weltprogramm des Christentums. In: Feuilleton-Beilage der Süddeutschen Zeitung. Nummer 296. Weihnachten 1997.

Mieth, D., Die Bedeutung der menschlichen Lebenserfahrung. Plädoyer für eine Theorie des ethischen Modells. In: Moral und Erfahrung, Freiburg / Schweiz 1977, 111–134.

Mieth, D., Tradierungsprobleme christlicher Ethik. Zur Motivationsanalyse der Distanz von Gaube und Kirche. In: E. Feifel / W. Kasper (Hg.): Tradierungskrise des Glaubens, München 1987, 101–138.

Mieth, D., Geburtenregelung, Mainz 1990.

Möhring-Hesse, M., Ein Sprung in die Gegenwart. Überlegungen zur diskurstheoretischen Transformation christlicher Gesellschaftsethik. In: W. Lesch / A. Bondolfi, 163–190.

Müller-Goldkuhle, P., Ein Streit, der nicht sein müsste. In: Herder-Korrespondenz 36 (1982), 606–609.

Nipkow, K. E., Moralerziehung als Interesse des Pädagogen. In: A. Auer / A. Biesinger / H. Gutschera (Hg.): Moralerziehung im Religionsunterricht, Freiburg 1975, 11–24.

Nunner-Winkler, G., Zur moralischen Sozialisation. In: H. Huber (Hg.): Sittliche Bildung. Ethik in Erziehung und Unterricht, Asendorf 1993, 105–127.

Nunner-Winkler, G., Veränderte Wertorientierungen, neue Identitätskonzepte. In: Informationsdienst Nr. 3. Zukunftsforum Jugend 2000, hg. vom Leiterkreis der Ev. Akademien in Deutschland und Berlin (West), Frankfurt 1990, 3–8.

Olk, Th., Wertewandel oder Wertepluralismus? Jugendliche im Prozess der Individualisierung. In: Informationsdienst Nr. 3. Zukunftsforum Jugend 2000, hg. vom Leiterkreis der Ev. Akademien in Deutschland und Berlin (West), 9–16.

Oser, F., Moralpsychologische Perspektiven, in: G. Adam / F. Schweitzer, 81–109.

Oser, F./ Althof, W., Moralische Selbstbestimmung, Stuttgart 1992.

Osuch, B., Die Bearbeitung moralischer Dilemmata als didaktischer Kerngedanke. In: Ethik und Unterricht 6. Jg (1995) Heft 1, 12–15.

Pfürtner, St. H., Ethik in der europäischen Geschichte, Band I, Stuttgart 1988.

Reents, Ch., Zu den Wurzeln des selbständigen Ethikunterrichts in der deutschen Schulgeschichte. In: Die Christenlehre, 47, 1994, 106–115.

Rentsch, Th., Religiöse Vernunft: Kritik und Rekonstruktion. In: H.-J. Höhn (Hg.): Krise der Immanenz, Frankfurt am Main 1996, 235–262.

Rousseau, J. J., Emil oder über die Erziehung. (1762), Paderborn 1972.

Schmidt, H., Didaktik des Ethikunterrichts. 2 Bände, Stuttgart 1983 f.

Seyfarth, C., Wertwandel und gesellschaftliche Rationalisierung: Eine theoretische Diskussion aktueller Trendaussagen. In: H. O. Luthe / H. Meulemann (Hg.): Wertwandel – Faktum oder Fiktion? Bestandsaufnahmen und Diagnosen aus kultursoziologischer Sicht, Frankfurt / New York 1988, 163–192.

Stachel, G./ Mieth, D. Ethisch handeln lernen, Zürich 1978.

Tiedtke, M., Das Unterrichtsexperiment. In: A. Leschinsky: Vorleben oder Nachdenken. Frankfurt 1996, 138–162.

Compassion –
ein erlebnisbezogenes Bildungskonzept

Jürgen Rekus

Mit dem Projekt „Compassion" sind die freien katholischen Schulen angetreten, ein besonderes Element pädagogischer Profilbildung in die curriculare Struktur des Unterrichts einzubinden und als Modell für eine spezifische Schulreform zu stehen. Damit wird auch der interessierten Öffentlichkeit deutlich, dass sich die katholischen Schulen nicht bloß als optimiertes Spiegelbild der staatlichen Schule verstehen, sondern auch eine erzieherisch akzentuierte Bildungsaufgabe verfolgen. Dass diese Intention heute auf den sozialerzieherischen Bereich konzentriert wird, kann unter den aktuellen Zeitsignaturen, die sich mit Globalisierung, Privatisierung, Individualisierung und zunehmendem Leistungswettbewerb kennzeichnen lassen, geradezu als Gegenbewegung betrachtet werden. Ziel von Compassion ist es nämlich, den Blick von den Gewinnern weg hin zu den Verlierern zu wenden. Es geht darum, die Not und das Leid hilfsbedürftiger Mitmenschen wahrzunehmen (Erkenntnis und Einsicht), die Bedeutung eigener caritativer Dienstleistungen unter dem Aspekt von Sozialverpflichtung zu reflektieren (Werturteilsfähigkeit) und die persönlichen Möglichkeiten und Grenzen des Dienstes am Mitmenschen unter dem Aspekt von Selbstverpflichtung, d. h. persönlicher Entscheidung einzuschätzen (Handlungsdispositionen).

Diese Zielsetzung ist genuin pädagogisch bestimmt, da sie auf die drei Aspekte der Bildung abhebt. Aber in der Betonung der Werturteils- und Entscheidungsdimension ist sie durchaus gesellschaftsbezogen. Denn sie nimmt die aktuelle Situation der Gesellschaft als Herausforderung an, um nach den besseren Möglichkeiten menschlichen Handelns zu fragen. Anders als in manch aktuellen Modernisierungsprogrammen, die nur den Zurüstungscharakter der Schule für die globalisierte Wettbewerbsgesellschaft stärken wollen, wird mit dem Compassion-Projekt ausdrücklich die soziale Kehrseite thematisiert. Dabei wird nicht eine private Kompensation gesellschaftlicher Fehlentwicklungen angestrebt. Vielmehr sollen gerade die mit dem Leid verbundenen, aber auch die das Leid erzeugenden Werteinstellungen und Haltungen problematisiert und auf den eigenen Handlungshorizont bezogen werden. Es handelt sich also ausdrücklich um eine pädagogische und nicht um eine politische Sinngebung. Gleichwohl kann eine solche Sinngebung nicht apolitisch sein. Denn die mit dem Projekt induzierten Wert- und Handlungsreflexionen können ohne weiteres auch ein verändertes gesellschaftliches bzw. politisches Engagement zur Folge haben.

1. Die gesellschaftliche Situation als Projektanlass

Wenn man die gegenwärtige Situation der Gesellschaft charakterisieren will, dann wird man die seit einigen Jahren zunehmende Individualisierung nennen müssen, die zu einer Vernachlässigung sozialverpflichteter Handlungsweisen geführt hat. Etwa die Einführung der Pflegeversicherung vor einigen Jahren kann als Indiz dafür gelten, dass im privaten sozial-caritativen Bereich Defizite entstanden waren, die eine sozialpolitische Kompensation erforderlich erscheinen ließen.

Die Defizite im sozialen Bereich sind durch empirische Erhebungen, wie sie etwa von Helmut Klages und Thomas Gensicke durchgeführt worden sind, hinlänglich bekannt. Deutlich ist, dass der so genannte Wertewandel nicht nur ein vorübergehendes Phänomen gewesen ist, sondern sich in den letzten Jahren weiter manifestiert hat und insbesondere durch eine spezifische Bewegungsrichtung zu charakterisieren ist. Es handelt sich um einen Wandel von Pflicht- und Akzeptanzwerten, wie das eher traditionelle Wertsystem genannt wird, hin zu Selbstentfaltungswerten, die als modernes Wertsystem angesehen werden können. Für Klages/Gensicke ist es eine „Tatsache, dass das wachsende Wohlstandsniveau der westlichen Gesellschaften zur Ausprägung von Selbstentfaltungswerten beigetragen hat" (Klages/Gensicke 1994, S. 679). Die Folge ist eine „autozentrische Mentalität", d. h. eine Verlagerung des Wertsystems von Außensteuerung in Richtung Selbststeuerung. Der „innengeleitete" Mensch bringt massenhaft neue Bedürfnisse mit sich, er hat das Bedürfnis, sich einzubringen, aber nicht um das Wohl einer Sache oder Situation, sondern nur um seiner selbst willen. Dabei werden ungeschriebene soziale Regeln immer weniger akzeptiert, was insbesondere die Regeln des mitmenschlichen, sozialverpflichteten Umgangs betrifft.

Wenn der festgestellte Wandel eine empirische Tatsache ist, dann kann man ihn nur zur Kenntnis nehmen, wenn auch mit Bedauern. Aber Klages/Gensicke fügen ihrer Analyse eine Anmerkung an, die nachdenklich stimmt: „Man muss sich darüber klar sein", so sagen sie, „dass jene Tendenz des Wertewandels hin zu den Selbstentfaltungswerten und weg von Pflicht- und Akzeptanzwerten einfach zu den Grundtatsachen des modernen Lebens gehört." Wenn das stimmt, dann kann pädagogisches Handeln an dieser Grundtatsache nichts ändern, ja, sie darf gar nichts daran ändern wollen, es sei denn, die Pädagogik käme auf die abwegige Idee, die Moderne zurückzuschrauben. Sie könnte dies freilich nur, wenn sie über einen eigenen Weltentwurf verfügte, den sie zum Maßstab für unterrichtliches und erzieherisches Handeln nähme. Aber eine solche Auffassung von der Sinnrichtung pädagogischer Interaktion, die auf eine entsprechende Normierung des Denkens und Handelns hinausliefe, gehört heute mit Recht der Vergangenheit an. Aber was ist dann, außer Kenntnisnahme der Situation, pädagogisch zu tun?

Gertrud Höhler (1994) macht in diesem Zusammenhang auf eine Konsequenz aufmerksam, die – pädagogisch gesehen – weniger pessimistisch zu interpretieren wäre. Auch sie stellt fest, dass sich im Zuge der Modernitätsentwicklung zunehmend individualisierte Werte ausgeprägt und zu einer pluralen Lebenswelt geführt haben. Wegen der damit einhergehenden Vielfalt konkurrierender Werte in der Lebenswelt laufen Sozialisationsprozesse heute zwangsläufig nicht mehr homogen, sondern heterogen ab. Früher waren sich beispielsweise Eltern, Lehrer, Pastor und Arbeitgeber sogar über den Haarschnitt einig, den ein junger Mann zu tragen hatte, und dieser unterwarf sich in der Regel bruchlos dieser Erwartung. Heute ist diese Einheit nicht mehr vorhanden, und jeder kann und darf seinen Haarschnitt von der Glatze bis zum Mozartzopf selbst bestimmen. An diesem trivialen Beispiel wird deutlich, dass wir es heute faktisch nicht mehr mit einem einheitlichen Wertesystem zu tun haben, weshalb jeder Versuch, ein solches pädagogisch erzeugen zu wollen, ins Leere laufen muss. Denn nach Höhler ist der Pluralismus nicht nur ein Phänomen der Gesellschaft, sondern auch des Individuums, das dazu führt, dass viele Menschen „am Ende" überhaupt nicht mehr urteilsfähig sind; sie wissen auch gar nicht, wie sie überhaupt urteilen sollen, da über die dazu notwendigen Maßstäbe keine einheitliche Überzeugung anzutreffen ist. Letztlich ist dann alles irgendwie „egal".

Stimmt man dieser Analyse zu, dann kann die pädagogische Aufgabe erst recht nicht mehr im Gegensteuern oder Umerziehen liegen. Denn jeder derartige Versuch müsste in dieselbe Aporie führen: Der Pädagoge erschiene selbst nur als ein Aspekt der Pluralität und könnte nicht beanspruchen, über die allein richtige Sicht der Dinge zu verfügen. Dagegen weist die Analyse in die heute mögliche und notwendige Richtung pädagogischen Handelns: *Überwindung der Gleichgültigkeit durch Anregung und Hilfe zum begründeten eigenständigen Werten- und Entscheiden-Lernen.*

2. Die Aufgabe des Werten- und Entscheiden-Lernens heute

Werten- und Entscheiden-Lernen vollzogen sich früher im Kreis der Familie und anderer geschlossener Überzeugungsgruppen. Hier erlebten Kinder und Jugendliche auf anschauliche Weise, wie bestimmte Werte das Leben prägten, d. h., wie das Handeln der Einzelnen von den herrschenden Wert- und Normvorstellungen bestimmt wurde. Auf selbstverständliche Weise wurden diese Werte und Handlungsdispositionen beim Aufwachsen in festgefügten Ordnungen übernommen und sicherten so den Fortbestand der Gemeinschaften.

Der zunehmende Pluralismus in der offenen Gesellschaft hat aber zu Veränderungen der traditionellen familialen Strukturen geführt. Augenfällig ist, dass die Familien kleiner geworden sind. Es leben nicht mehr mehrere Generationen unter einem Dach, und die Zahl der Kinder in einer Familie ist geschrumpft, sofern sich Ehepaare heute überhaupt noch für Kinder entscheiden. Mit der Zahl der Einzelkinder hat auch die Zahl der allein erziehenden Eltern und die Zahl der nicht ehelichen Lebensgemeinschaften zugenommen. Die Lebenspläne und -entwürfe der Erwachsenen sind insgesamt nicht mehr dominant familienorientiert; Berufs- und vor allen Dingen Freizeitorientierung nehmen einen zunehmend höheren Stellenwert für die Lebensgestaltung ein. Kinder und Jugendliche erleben so nicht mehr wie früher eine geschlossene Wert- und Lebensordnung, in der die Aufgaben und Pflichten gleichsam vorab schon verfügt waren und jeder in seinem Handeln deutlich werden ließ, dass er sich selbstverständlich an die Verfügungen hielt.

In gleichem Maße hat die Bedeutung außerfamilialer Faktoren für die Erziehung zugenommen. In diesem Zusammenhang werden regelmäßig zuerst die Medien genannt, die die Kinder mit einer Fülle von konkurrierenden Wert- und Sinnangeboten konfrontieren, ohne sie jedoch eine überzeugende Orientierung erleben zu lassen. Auch die Bedeutung außerfamilialer Beziehungen hat mit dem Rückzug der Familie zwangsläufig zugenommen. Der Einfluss der Peer-Group, d. h. die Gruppe der etwa Gleichaltrigen, beeinflusst das Verhalten von Kindern und Jugendlichen vom Hort und Kindergarten bis zum Schulabschluss mehr denn je.

In dieser Situation ist die moralische Selbstbestimmungsaufgabe nicht mehr wie früher durch das Hineinwachsen in geschlossene Lebenswelten schon gelöst. Sie ist heute eine mühevolle Aufgabe jedes Heranwachsenden geworden, bei der er wegen der strukturellen Veränderungen in den Familien oft wenig Unterstützung findet. Das Wettbewerbs- und Konkurrenzdenken bewirkt zudem, dass das subjektive Bewusstsein für menschliche Verbundenheit und zweckfreie Solidarität abgenommen hat. Der Schule wächst damit eine zwar nicht neue, aber heute neu zu akzentuierende Erziehungsaufgabe zu: nämlich auch Anregung und Hilfe zur Entfaltung von Werturteilsfähigkeit und Entscheidungs- bzw. Handlungskompetenz zu leisten.

Wegen der Einheit der triadischen Bildungsaufgabe (Erkennen, Werten, Handeln) kann diese Aufgabe allerdings nicht (allein) mit der Einrichtung eines neuen Schulfaches, etwa Ethikunterricht, gelöst werden. Dieser mag heute freilich aus anderen Gründen notwendig erscheinen (vgl. Ladenthin/Schilmöller 1999). Auch die exklusive Zuweisung dieser Aufgabe zu einem bestimmten Fach, etwa Gemeinschaftskunde oder Religionsunterricht, verkürzt den Gedanken der Bildung als Einheit von Wissen, Haltung und Entscheidungsbereitschaft. In einer modernen Schule, in der das Wissen sinnvollerweise nicht anders als in fachlich gegliederter Weise erworben werden kann, lässt sich die Aufgabe des Werten- und Entscheidenlernens nicht anders als in Verknüpfung mit dem Fachunterricht verfolgen. Konsequenterweise hat sich die pädagogische Theorie in den letzten Jahren auf die damit verbundenen Fragen konzentriert (vgl. u. a. Regenbrecht/Pöppel 1990; Rekus 1993).

Die Frage ist freilich berechtigt, ob dieser mit dem Fachunterricht einzuschlagende Weg des Werten- und Entscheidenlernens allein schon hinreichend ist, um den Orientierungsbedarf junger Menschen zu genügen. Denn jeder Unterricht, so anschaulich er auch gestaltet sein mag, bleibt notwendigerweise lebensfern, d. h. abstrakt. Es ist geradezu seine Aufgabe, vom Leben zu abstrahieren, d. h. die Probleme der Welt unter fachlicher Perspektive einzugrenzen und zu definieren. Im Fachunterricht geht es um objektive Einsichten und Erkenntnisse, die im Prinzip von jedem, d. h. erfahrungs- und erlebnisunabhängig nachvollzogen werden können. Auch die für die Bildung des Menschen notwendige Reflexion von Wert- und Entscheidungsfragen wird im Fachunterricht an die fachlichen Erkenntnisse und Einsichten gebunden und erfolgt unter dem Anspruch argumentativer und nachvollziehbarer Begründbarkeit.

Angesichts der veränderten Familienkonstellationen und Lebenswelten von Kindern und Jugendlichen, in denen sozialverpflichtete Werte häufig nicht mehr erfahren und erlebt werden können, spricht heute einiges dafür, den Schulunterricht um eine solche Erlebnisdimension zu erweitern.

3. Das Compassion-Projekt – ein erlebnispädagogisches Modell?

Das Compassion-Projekt versteht sich als solche Erweiterung. Es will die Aufgabe des Werten-Lernens ausdrücklich auf die soziale Dimension konzentrieren und soziale Erfahrungssituationen bereitstellen, in denen Mitmenschlichkeit als Wert erlebt werden kann. Die Reflexion der mit den Erfahrungen in sozialen Kontexten verbundenen Werterlebnissen soll dabei zu begründeteren Werturteilen führen und sich als Haltung manifestieren. Das wiederum soll die soziale Handlungsbereitschaft motivieren.

Das Compassion-Projekt versteht sich also als ein Beitrag zur sozialen Handlungsorientierung, d. h., die Schülerinnen und Schüler sollen soziale Orientierungen für ihr Handeln gewinnen. Diese soziale Orientierung des eigenen Handelns soll durch eine handlungsorientierte Lernsituation erfolgen, nämlich durch eine soziale Tätigkeit in einer sozial-caritativen Institution. Damit reiht sich das Projekt in die Reihe der weit verbreiteten aktuellen Reformvorstellungen von Schule ein, die ein verändertes Lernen anstreben. Die Veränderung wird mit mehreren, meistens synonym gebrauchten Begriffen belegt: Handlungsorientiertes Lernen, erfahrungsorientiertes Lernen, erlebnisorientiertes Lernen, praktisches Lernen usw. Hinter diesen Begriffen steckt durchgängig die Intention, das außerschulische Leben mit schulischem Lernen so zu verbinden, dass die Lernenden zum verantwortlichen Handeln außerhalb der Schule befähigt werden. Kurz und bündig formuliert: *Handlungsorientierung ist das Ziel des Unterrichts* (vgl. Gudjons 1992; zur Kritik: Rekus 1995 und 1999).

Aber das Compassion-Projekt wäre missverstanden, wenn es nur darum ginge, Handlungskompetenzen in „lebensnahen" Ernstsituationen zu vermitteln, etwa in Altersheimen, Krankenhäusern, Bahnhofsmissionen und Sterbehospizen. Der erzieherische Akzent liegt gerade nicht auf den in diesen Situationen gebotenen Handlungsakten, sondern auf den ihnen vorausliegenden Wert- und Entscheidungsmotiven, die caritative Handlungen erst geboten erscheinen lassen. Solche Motive sind allemal in jeder Handlungssituation immanent präsent, gelangen aber oft nicht zur Reflexion, da sie durch den Handlungsdruck überspielt werden. Die mit dem Handeln verknüpften Wert- und Entscheidungsfragen stehen im Zentrum des Compassion-Projekts. Diese sind aber nicht schon im Sinne eines „learning by doing" (Dewey) erledigt, sondern werden aus Anlass des Tuns erst aufgeworfen.

Deswegen sind im Kontext des Compassion-Projekts alle erlebnispädagogischen Vorstellungen verfehlt, die kurzschlüssig davon ausgehen, dass sich durch besonders ergreifende Handlungserlebnisse gleichsam nebenbei die gewünschten Haltungen und Einstellungen als unreflektierter Habitus ausprägen. Mit einer solchen Intention würde Compassion zu einem Typus von erlebnispädagogischen Projekten herabgewürdigt, wie sie etwa von Heckmair und Michl charakterisiert werden: „Der Teilnehmer einer Schlauchbootfahrt, einer Fahrradtour, einer Höhlenbegehung soll im geplanten Erlebnis vom Ereignis ergriffen werden ... Es wird vermutet, dass eine geballte pädagogische Energie in besonderen Erlebnissen liegt, die lange nachwirkt oder nur ins Vorbewusste abgleitet und bei Bedarf ins Bewusstsein gerufen werden kann. Das Erlebnis wirkt also sozusagen von selbst, wird zum Bodensatz der Persönlichkeit und braucht nicht durch ein bewusstmachendes Gespräch oder andere Methoden verstärkt zu werden" (1994, S. 67). Hier wird der Irrationalität ein Vorrang gegenüber rationaler Reflexion eingeräumt, so dass am Ende die Frage nach dem Geltungsgrund des Handelns gar nicht mehr gestellt werden soll. Die Lernenden sollen in solchen erlebnispädagogischen Konzepten von der Wucht der Handlungssituation geradezu überwältigt werden.

Streng genommen sind solche erlebnisbetonten emotional aufgeladenen Lernsituationen nicht handlungsorientierend, sondern verhaltensbestimmend. Denn der emotionale Druck des vorgegebenen Situationskontextes erfordert ein bestimmtes, haltungsindifferentes Verhalten. Der im Hinblick auf gewünschte Lernergebnisse vordefinierte Handlungsrahmen soll also nur die äußerlich sichtbaren Ergebnisse funktionalisieren. Das in solchen Erlebnis- und Lernsituationen instrumentalisierte „Handeln" trägt dann allemal „artifiziellen" Charakter, denn es geht gar nicht von den Wertungen und Entscheidungen der Schüler aus, sondern wird von den Veranstaltern im Sinne ihrer eigenen Auffassung von einem „guten Leben" herbeigeführt. Statt um Bildung im Sinne von verantworteter Selbstbestimmung geht es in solchen Konzepten von Erlebnispädagogik bloß um Funktionalität der Teilnehmer (vgl. Fischer 1998, S. 329 ff.). Es kann deshalb nicht überraschen, dass die so genannte Erlebnispädagogik vor allen Dingen in der ersten Hälfte des 20. Jahrhunderts immer wieder für ideologische Zwecke instrumentalisiert wurde.

Darüber hinaus steht die mit der Erlebnispädagogik verknüpfte Antirationalität, die sich paradigmatisch als Grundzug der Reformpädagogik erweist (vgl. Oelkers 1996), einer sachangemessenen Klärung von Problemen im Wege, die in einer Handlungssituation allemal zu bedenken sind. Vielmehr wird der gesetzte Handlungsrahmen von einem nicht mehr zu kritisierenden Weltbild her konstruiert, in dem die eigentlichen Probleme verdeckt sind. Bei vielen erlebnispädagogischen Projekten ist es in der Tat so, dass hinter den gewünschten „praktischen" Tätigkeiten mehr steckt als der bloße motivationale Anstoß zum Lernen. Den Konstrukteuren „praktischer" Erlebnis- und Lernsituationen geht es oft weniger um die Erkenntnisse und Einsichten, zu deren Erwerb motiviert werden soll, als vielmehr um die Vermittlung der leitenden Motive selbst. Pädagogisches Handeln versteht sich dabei nicht als Hilfe zur Wert- und Motivreflexion, die aus Anlass der Erfahrungen und Erlebnisse der Schüler erforderlich wird. Vielmehr ist schon vorab durch diese „Pädagogik" entschieden worden, „welche Erfahrungen in und außerhalb der Schule wünschenswert sind" (Duncker 1987, S. 36). Kemper vermutet in diesem Zusammenhang sogar, dass mit der Einforderung bestimmter Handlungs- und Erfahrungsvollzüge „die Lernprozesse der Schüler auf die tätige Aneignung einer vorgegebenen, scheinbar sachimmanenten und deshalb notwendigen Ordnung verkürzt (werden)" (Kemper 93, S. 842). Solche Verkürzungen der pädagogischen Aufgabe lassen sich mit einer „kurzschlüssigen" Rezeption von reformpädagogischen Ansätzen erklären, „die den humanen Charakter und erzieherischen Sinn der (Tätigkeit) ... immer schon voraussetzen und zu diesem Zweck auf ein geschlossenes Weltbild zurückgreifen, dessen Ordnung im praktischen Lernen erfahren und zur Bewältigung der eigenen Lebensaufgaben und -probleme angeeignet werden soll" (a.a.O., S. 846). Anders und schärfer formuliert: Bei den meisten Ansätzen des erfahrungs-, erlebnis-, handlungs- oder auch praktisch orientierten Lernens wird gar nicht die zunehmende Selbständigkeit und Eigenverantwortung der Lernenden im Handeln, sondern deren Einbindung in vorgegebene Handlungsstrukturen und -muster intendiert.

Wenn es dagegen im Compassion-Projekt darum geht, Schülern zu helfen, sich in einer pluralen Welt zu orientieren und begründete sozial-verantwortliche Entscheidungen treffen zu können, wenn es darum geht, einen erzieherischen Beistand zum selbständigen und verantwortlichen Handeln im gegenwärtigen und künftigen Leben zu leisten, wenn es kurzum um Handlungs*orientierung* und nicht um Verhaltens*bestimmung* geht, dann kann sich Compassion gerade nicht in den Duktus erlebnispädagogischer Konzeptionen einreihen.

Denn der erzieherische Beitrag des Compassion-Projekts hängt gerade davon ab, wie es den mit den Begriffen Selbständigkeit und Eigenverantwortung verknüpften Handlungsbegriff der Moderne mit dem Prinzip sozialer Verpflichtung in Verbindung bringt.

4. Das Compassion-Projekt – ein pädagogisches Modell

Die pädagogische Akzentsetzung des Compassion-Projekts, mit dem es sich gegenüber den vielen anderen Versuchen dieser Art abgrenzen muss, lässt sich folgendermaßen formulieren:

In der offenen Gesellschaft der Moderne bestimmen nicht mehr geschlossene Weltbilder das Handeln, sondern die Menschen selbst. Das, was für ein gutes Leben nötig ist, kann man in der pluralen Gesellschaft nicht mehr wie in der Antike und im Mittelalter durch Partizipation am Leben erwerben. Erlebnis und Erfahrung im jeweiligen Lebenskreis reichten aus, um ein gelingendes Leben zu führen. Eine Erziehung, wie wir sie heute denken müssen, war noch gar nicht nötig, da Leben und Lernen faktisch identisch waren.

Heute haben wir es aber mit heterogenen Lebenswelten zu tun. Deshalb bleiben Erlebnis und Erfahrung kontingent; sie können sich nicht mehr von allein zu einer Einheit zusammenfügen. Insofern ist der Einschätzung von Gertrud Höhler, dass sich der Pluralismus heute auch als intrasubjektives Phänomen zeigt, in der Tat zuzustimmen. Daran können auch gelegentliche Einblicke in andere Lebenswelten, wie sie mit dem Compassion-Projekt ermöglicht werden sollen, nichts ändern, da auch sie aus sich heraus noch keine Handlungsorientierung bieten.

In der modernen Gesellschaft besteht deshalb die Aufgabe von Unterricht und Erziehung darin, Erlebnisse und Erfahrungen zu ergänzen (nicht: *Ersetzen!*). Ergänzen heißt, dass das Lernen von den Erfahrungen der Schülerinnen und Schüler ausgeht, um sie dem Grunde nach zu klären, den Folgen nach zu reflektieren und im Hinblick auf ihre künftige Bedeutsamkeit für das eigenen Handeln einzuschätzen.

Unterricht und Erziehung sind deshalb notwendigerweise *geführte* Prozesse, die nicht schon mit der bloßen Bereitstellung von Erlebnis- und Erfahrungsräumen abgehandelt sind. Vielmehr fangen Unterricht und Erziehung erst da an, wo Erfahrung und Erlebnis aufhören. Das erinnert freilich an Johann Friedrich Herbart. Aber man sieht auch die Weiterung, die mit Compassion intendiert wird. Herbart sprach nur von der notwendigen Ergänzung der *Erfahrung.* Compassion will ausdrücklich das *Erlebnis* in das pädagogische Konzept einbeziehen, weil der emotionale Aspekt des systematischen Zusammenhangs von Wissen und Haltung bisher vernachlässigt bzw. „erlebnispädagogisch" verkürzt wurde.

Im Compassion-Projekt machen die Schülerinnen und Schüler ja nicht nur bloße soziale Erfahrungen, sondern haben auch persönliche Erlebnisse, die – bildlich gesprochen – unter die Haut gehen. Diese können angenehm oder unangenehm, lustvoll oder leidvoll, freudig oder traurig, gutartig oder bösartig, anziehend oder abstoßend, auch abhärtend oder Mitleid erregend sein. Erlebnisse sind also nicht durch die Situation definiert, sind nicht mit den Erfahrungen identisch, sondern werden vom Subjekt aus Anlass der Erfahrung generiert. Erlebnisse sind ambivalent, selbst bei gleichartigen Erfahrungssituationen.

Das hängt mit der besonderen Eigenart menschlicher Gefühle zusammen, die aus Anlass bestimmter Situationen entstehen. In pädagogischer Perspektive lassen sich Emotionen gewissermaßen als Selbsterlebnisse bezeichnen, die eine nicht rationale Form der Selbstbestimmung darstellen. Denn die Akte des Fühlens und Empfindens gehören zur Aktivität des Menschen, sie werden im Zusammenhang von Erlebnissen produziert, sie sind eigentlich dasjenige Moment, das ein Erlebnis von der Erfahrung unterscheidet. In pädagogischer Perspektive können Gefühle gar nicht anders als der eigenen Aktivität des Subjekts zugehörig gedacht werden, weil sonst das Pädagogische gar keinen Ansatzpunkt hätte (vgl. Pöppel 1999).

Freilich ist man nicht für seine Gefühle verantwortlich. Denn sie entstehen nicht in rationaler Intentionalität, und sie können deshalb auch nicht der Verantwortung des Subjekts unterliegen. Darin liegt der eigentliche Grund, warum Gefühle weder Gegenstand noch Ziel von Erziehung sein können. Gefühle sind immer die eigenen Gefühle, die man nicht mit anderen Menschen teilen kann. Als Selbsterlebnis bleiben Gefühle immer unteilbar, sie gehören zu einem selbst und sind für andere Menschen unzugänglich.

Allerdings kann man seine Empfindungen mitteilen, man kann

über sie sprechen, weil man um seine Gefühle weiß. Man kann also sagen, dass man Angst hat, Freude spürt, Mitleid empfindet usw. Insofern sind Gefühle zwar irrational, aber sie fallen nicht aus der Ratio heraus. Man kann deshalb zu seinen eigenen Emotionen Stellung nehmen, kann sie überschauen und einschätzen. Und man kann das eigene Handeln darauf beziehen. Man meidet vielleicht dunkle Gassen, einsame Plätze, leere Parkhäuser, weil man Angst hat. Man feiert vielleicht, weil man Freude empfindet. Man hilft seinem in Not geratenen Mitmenschen vielleicht, weil man Mitleid hat. Aber alles eben nur „vielleicht", weil das Handeln keine unmittelbare Folge des Gefühls ist. Wenn das Handeln verantwortet werden soll, dann darf es geradezu nicht als unmittelbare Gefühlsfolge, sondern als Folge einer Entscheidung eintreten, die auf Grund einer begründbaren Bewertung des eigenen Gefühls erfolgt.

Gerade dieses macht überhaupt erst ein „gutes Leben" möglich (vgl. Steinfath 1998). Man denke nur an die destruktiven Gefühle, die jeder gelegentlich schon ein Mal hatte, z. B. Wut, Zorn, Aggression, Hass usw. Würden diese Gefühle das Handeln ungebrochen bestimmen, würden sie impulsiv ausgelebt, dann dürfte man sich nicht mehr unter Menschen trauen. Offenbar müssen die Menschen also lernen, mit ihren Gefühlen verantwortlich umzugehen, wenn sie ihre Würde gegenseitig anerkennen und zur Geltung bringen wollen.

Die pädagogische Aufgabe kann also nicht darin bestehen, bestimmte Gefühle zu erzeugen. Ob man seinen Gefühlen freien Lauf lässt, ob man sie unterdrückt, ob man sie mitteilt oder für sich behält, all dies unterliegt der selbständigen Entscheidung und eigenen Verantwortung. Und nur darauf kann sich das pädagogische Handeln, d. h. Unterricht und Erziehung, richten. Sie haben die Aufgabe, dem Menschen zu helfen, die möglichen Gründe und Folgen der eigenen Gefühle aufzuklären, sie in ihrer persönlichen Bedeutsamkeit zu bewerten, um schließlich mit ihnen verantwortlich umzugehen. Gefühle fallen nicht aus der Bildungstrias heraus.

Für die Sinnrichtung des Compassion-Projekts bedeutet das: Auch wenn das „Mitleid" als wünschenswertes mitmenschliches Empfinden bei der Namensgebung des Projekts Pate gestanden hat, das Gefühl von Mitleid kann nicht das Ziel eines pädagogischen Projekts sein. Wenn Praktikums-Situationen bereitgestellt werden, in denen es um die Erfahrung von Leid geht, dann besteht die erzieherische Intention nicht darin, Mitleidsgefühle zu erzeugen. Diese entstehen bei den Schülern von selbst oder auch nicht, ob das gewollt wird oder nicht. Es entstehen bei jedem einzelnen Subjekt ihm zugehörige

Emotionen, gleich, ob die Veranstalter damit einverstanden sind oder nicht. Das bedeutet: „Mitleid" kann sich bei denjenigen ausprägen, die eine Disposition dazu mitbringen. Bei den „Harten" und „Verhärteten" entsteht vielleicht kein Mitleid, sondern Distanz, Widerwillen, Ekel oder Abscheu. Der Pädagoge kann darüber nicht verfügen.

Deshalb geht es beim Compassion-Projekt nicht um die Erzeugung von Gefühlen in sozialen Kontexten, sondern um ihre Bewertung und die Einschätzung ihrer Handlungsbedeutsamkeit. Dazu muss man freilich erst die eigenen Gefühle in solchen Zusammenhängen erlebt haben, und dazu werden im Compassion-Projekt entsprechende Situationen bereitgestellt. Aber mit der Bereitstellung solcher Situationen ist die pädagogische Aufgabe noch nicht erfüllt. Sie hebt vielmehr damit erst an. Entscheidend für die Sinngebung des Compassion-Projekts ist die pädagogisch geführte Wertreflexion über mögliche Empfindungen vor dem Praktikum und über die tatsächlichen Erlebnisse beim Praktikum, gleich welcher Art sie sind. Bei der Reflexion der eigenen Empfindungen im Hinblick auf ihren Grund, ihre sachliche Bedeutung und ihre persönliche Bedeutsamkeit gewinnt das Subjekt Einsichten und Ansichten, die sein künftiges Handeln orientieren.

Der springende Punkt des Compassion-Projekts liegt gerade nicht darin, Schülerinnen und Schüler bloß soziale Erfahrungen machen und unbestimmte Erlebnisse haben zu lassen. Wenn das Projekt als verpflichtende Schulveranstaltung durchgeführt wird, dann kann sein Akzent nur auf der Ergänzung von Erfahrung und Erlebnis ruhen. *Die pädagogisch relevanten Prozesse finden demnach nicht in der Praktikumssituation statt, sondern vorrangig in der didaktischen und methodischen Vorbereitung, in der beratenden Begleitung und in der wertenden Synthese der unterrichtlichen Auswertung und Nachbereitung.* Dabei kann auch bei demjenigen, der kein Mitleid empfindet, die Einsicht entstehen, dass mitmenschliche Hilfe unter dem Humanitätsprinzip situativ geboten sein kann. Denn ein solches Gebot ist als Sozialverpflichtung begründbar, und es wird von der Vernunft und nicht vom Gefühl diktiert.

Erfahrungen und Erlebnisse, die die Schüler im Praktikum machen bzw. haben, sind notwendig. Denn sie bieten Anlass für die unterrichtliche Reflexion über das „gute Leben". Diese Reflexionsaufgabe ist umfassend zu verstehen und unter verschiedenen Aspekten zu führen. Da dabei etwa historische, geographische, biologische, chemische, physikalische, sprachliche und religiöse Fragen eine Rolle spielen können, erscheint es sinnvoll, wenn sie im jeweiligen Fachunterricht vorbereitend und nachbereitend als fachüberschreitende Fragestellung aufgegriffen werden . Die dabei zu klärenden Wertfragen der Schüler sind als fächerverbindende zu verstehen, da sie das Fachwissen auf einen Aspekt des „guten Lebens", nämlich den Sozialverpflichtungsgedanken, konzentrieren. Dass damit eine Fülle von Organisations- und Gestaltungsfragen verbunden ist, liegt auf der Hand (siehe die Beiträge von Gönnheimer, Kuhn und Kuld in diesem Band) .

Zusammenfassung

Das Sozialpraktikum als curricular in die Unterrichtsstruktur eingebettetes Element, das nicht nur das Schuljahr „ganz nett" unterbricht, sondern sich in die inhaltliche und methodische Arbeit aller Fächer als wertbezogenes fachüberschreitendes Verbindungsstück einfügt, ist das wirklich Innovative des Compassion-Projekts. Unter diesem Aspekt weist es in der Tat über die katholischen Schulen hinaus und stellt einen beispielhaften Beitrag zur Schulreform dar.

Literatur:

DUNCKER, L.: Erfahrung und Methode. Studien zur dialektischen Begründung einer Pädagogik der Schule. Langenau 1987.

FISCHER, Th.: Erlebnispädagogik. Das Erlebnis in der Schule. Frankfurt am Main u. a. 1998.

GUDJONS, H.: Handlungsorientiert lehren und lernen. Bad Heilbrunn 1992.

HECKMAIR, B./MICHL, W.: Erleben und Lernen. Einstieg in die Erlebnispädagogik. Neuwied/Kriftel/Berlin 1994.

HÖHLER, G.: Neue Werte für eine Welt im Wandel. In: SEIBERT, N. (Hg.): Bildung und Erziehung an der Schwelle zum 3. Jahrtausend. München 1994, S. 116–134.

KEMPER, H.: Praktisches Lernen als Beitrag zur Bildungsreform. In: Zeitschrift für Pädagogik, 39. Jg., 1993, S. 837–855.

KLAGES, H./GENSICKE, Th.: Spannungsfelder des Wertewandels. Von der spontanen Entwicklung von Selbstentfaltungswerten zu deren Integration. In: SEIBERT, N. (Hg.): Bildung und Erziehung an der Schwelle zum dritten Jahrtausend. München 1994, S. 674–695.

LADENTHIN, V./SCHILMÖLLER, R. (Hg.): Ethik als pädagogisches Projekt. Grundfragen schulischer Werterziehung. Opladen 1999.

Oelkers, J.: Reformpädagogik. Eine kritische Dogmengeschichte. Weinheim und München 3. Aufl. 1996.

PÖPPEL, K. G.: Emotionalität und Moralität – Überlegungen zu ihrem Zusammenhang und Folgerungen für den Unterricht. In: LADENTHIN, V./SCHILMÖLLER, R.

(Hg.): Ethik als pädagogisches Projekt. Grundfragen schulischer Werterziehung. Opladen 1999, S. 243–250.

REGENBRECHT, A./PÖPPEL, K. G. (Hg.): Moralische Erziehung im Fachunterricht, 2 Bände. Münster 1990.

REKUS, J.: Bildung und Moral. Weinheim und München 1993.

REKUS, J.: Handlungsorientierung im Unterricht. In: REGENBRECHT, A./PÖPPEL, K. G. (Hg.): Erfahrung und schulisches Lernen. Münster 1995, S. 125–138.

REKUS, J.: Handlungsorientierung als Weg und Ziel des Realschulunterrichts. In: REKUS, J. (Hg.): Die Realschule. Weinheim und München 1999, S. 115–126.

STEINFATH, H. (Hg.): Was ist ein gutes Leben? Frankfurt am Main 1998.

Dimensionen der Compassion-Initiative

Lothar Kuld

1. Die politische Dimension

Der Name „Compassion" ist Programm. Er ist so gut wie nicht übersetzbar. Die Haltung, für die er steht, ist am besten mit „Mitleidenschaft" wiederzugeben, auf keinen Fall mit Mitleid. Mitleid ist allzu leicht eine problematische Vokabel, wenn Mitleid nur der hat, der den anderen als „armen Teufel" sieht, und Mitleid die Grenzlinien zwischen „gesund" und „krank", „richtig" und „nicht ganz richtig", „normal" und „abartig" festschreibt. Dann ist der Weg von der Inkriminierung zur Auslöschung des Inkriminierten nicht weit. Klaus Dörner sprach in diesem Sinne von „tödlichem Mitleid"[1]. In diesem Sinne ist das Wort Compassion ganz sicher nicht gemeint.

Die Compassion-Initiative antwortet auf die Wahrnehmung eines sozialmoralischen Defizits. Die Autoren schließen sich im Kern der Analyse von Helmut Klages an, der einen Wandel von einer Pflicht- und Akzeptanzmoral, in der man so handelt, wie einen die Tradition selbstverständlich und fraglos verpflichtet, zu einer Moral sieht, in der soziale Regeln gelten, solange sie meinen Interessen dienen[2]. Die Folge dieses Wandels, sagen die Autoren der Compassion-Initiative, sei eine zunehmende Entsolidarisierung der Gesellschaft. Und da eine Gesellschaft ohne ein Minimum an solidarischem Handeln und sozialverpflichteten Handlungsbereitschaften nicht auskommt, lebe diese Gesellschaft inzwischen von Voraussetzungen, die sie selbst nicht mehr schaffe. Diese Entwicklung gebe Anlass zur Zukunftssorge und Sorge um den Zusammenhalt unseres Gemeinwesens. Diese Beobachtung steht am Anfang der Compassion-Initiative. Die Autoren der Initiative sehen im Aufbau sozialverpflichteter Haltungen daher eine Aufgabe, der sich auch die Schulen zunehmend zu stellen hätten. Die Initiative ist in dieser Hinsicht ein bürgerschaftliches Engagement, das die Freien katholischen Schulen bzw. ihre Träger als Staatsbürger in die Gesellschaft einbringen.

Die Nähe zum Kommunitarismus liegt auf der Hand, ist aber m. E. nur scheinbar, da es der Initiative nicht einfachhin um die Restaurierung „der [welcher?] moralischen Grundlagen des Gemeinwesens"[3] geht. Das Compassionsprojekt ist nicht angetreten, eine Entwicklung der Moderne, nämlich die Individualisierung der Lebensentwürfe und die damit einhergehende individualistische Moral einfach rückgängig zu machen. Das wäre schlichtweg weltfremd. Worum es geht, ist die Entwicklung jener Haltungen, die dem sozialen Kältetod der Gesellschaft entgegenstehen und ohne die eine Gesellschaft, auch wenn Haltungen wie „Mitleidenschaft" nicht einklagbar sind, auf Zukunft hin nicht bestehen kann. Diese Haltungen lernt ein Mensch an vielen Orten, nicht nur und in der Regel nicht ein Mal zuerst in einer Institution. Die Frage ist daher, was die Schule moralpädagogisch leisten kann.

2. Die erlebnis- und moralpädagogische Dimension

Die Compassion-Initiative sucht nach Chancen moralischen Lernens, in denen die Dringlichkeit sozialverpflichteter Haltungen entdeckt und eingesehen werden kann. Diesem Ziel dient das für alle Schülerinnen und Schüler einer Klasse jeweils verpflichtende Praktikum in einer sozialen Einrichtung und die enge Verbindung dieser Praktika mit Fachunterricht, der je nach Kompetenz der Lehrerinnen und Lehrer ethische, gesellschaftliche, religiöse, philosophische, ästhetische, biologische, medizinische, sozialpolitische, historische Fragen aufgreift und dem Schüler helfen soll, seine Erfahrungen und Erlebnisse zu verstehen, zu bewerten und schließlich wieder in Handlungsdispositionen überzuführen. Ob diese erlebnis- und moralpädagogischen Annahmen stimmen, war Gegenstand der Überlegungen während der wissenschaftlichen Begleitung des Projekts.[4] Die These war, „dass das Erlebnis von sozialen Realsituationen zu einer sozialverpflichteten Veränderung individueller Haltungen und Einstellungen bei Schülern führt, wenn ein solches Praktikum fächerübergreifend und inhaltlich verknüpft mit Fachunterricht organisiert und ausgewertet wird". (Papier der Antragsteller z.Hd. der Bund-Länder-Kommission, Bonn) Die Initiatoren gingen also davon aus, dass Erlebnisse sozialen Engagements die Disposition der Schülerinnen und Schüler zu sozialverpflichtetem Handeln stärken und zu einer Mentalitätsänderung beitragen, *sofern* diese Erlebnisse unterrichtlich reflektiert werden. Die unterrichtliche Begleitung ist also ein wesentlicher Teil des Projekts. Die Integration des Praktikums in den schulischen Unterricht ist die Voraussetzung für den Erfolg des Compassion-Vorhabens.

Dahinter steht die Beobachtung, dass Erlebnisse – entgegen einem vulgären Verständnis von Erlebnispädagogik – nicht zwangsläufig zu neuen ethischen Haltungen führen.[5] Solche Zwangsläufigkeit wäre auch weder pädagogisch noch ethisch vertretbar. Ethische Haltungen beruhen auf Einsicht und Vernunft, nicht auf Zwang und auch nicht auf Gefühl. Für seine Gefühle kann man bekanntlich nichts. Gefühle sind schwer zu kontrollieren, und Gefühle wechseln. Das High-Gefühl des Helfens, das sich einstellt, wenn man einem Menschen geholfen hat, dieses Gefühl lässt nach einiger Zeit erfahrungsgemäß nach und das Erlebnis verpufft, wenn es nicht immer wieder erinnert wird und wenn es nicht im Gedächtnis verankert ist. Und es bleibt diffus, solange keine Bewertung stattfand. Die Gedächtnis- und die Unterrichtsforschung können also darüber belehren, was die Ethik auch weiß: Die ethische Dringlichkeit einer spezifischen Haltung und Handlung ergibt sich aus der Situation. Aber man kann diese Einsicht nicht erzwingen. So ist es also durchaus möglich, dass ein Mensch sich in einer bestimmten Situation gezwungen sieht, so und nicht anders zu handeln. Ob er das aber auch einsieht und sich als ethische Haltung zu Eigen macht, ist seinem Denken und seiner Freiheit (Autonomie) überlassen.

Einen Hinweis darauf, wie die Jugendlichen, *Compassion* verstehen werden, kann man der Theorie der Entwicklung des moralischen Urteils von Lawrence Kohlberg entnehmen. Gehen wir davon aus, dass die Jugendlichen ihre moralischen Bewertungen an dem orientieren werden, was die bedeutungsvollen anderen, die Freunde, die Eltern, die Lehrer, die Klassenkameraden sagen und die allgemeinen Regeln und Gesetze des gemeinsamen Lebens mit anderen nahe legen, dann können wir sagen: Die Schülerinnen und Schüler werden den Einsatz für andere richtig finden, weil das Leben in der Gruppe (und analog: mit anderen?) Solidarität mit Schwachen einschließt. An einem Automatismus der Entwicklung hin zu einem „solidarischen Individualismus" (Ulrich Beck) unter den Jugendlichen und der Geltung dieser Solidarität auch für andere jenseits der Gruppe sind allerdings Zweifel angebracht. Man muss vermuten, das die Schülerinnen und Schüler das im Rahmen des Compassion-Projekts geleistete sozialverpflichtete Engagement gut finden, weil auch andere in der Gruppe (Schulklasse, Freunde) es gut finden und weil es von ihnen als ein persönlicher Gewinn betrachtet wurde. Genau das, diese Wertung meinen die Jugendlichen, wenn sie sagen, es habe „Spaß" gemacht, mit den alten Menschen oder den Kindern oder den sog. Behinderten zusammen zu sein.

Ungeklärt ist die Frage, wie das Compassion-Vorhaben im Licht der *gender*-Debatte, der Theorie von der weiblichen Moral und angesichts geschlechtsspezifisch unterschiedlicher Rollenerwartungen für Mädchen und Jungen, Frauen und Männer zu sehen ist. Wenn die These von geschlechtsspezifischen Sozialisationseffekten trotz gleicher Ausgangsbedingungen und Erziehungsmaßnahmen für Mädchen wie Jungen an unseren Schulen stimmt, dann kann man erwarten, dass Mädchen das Compassion-Projekt im Sinne einer Moral der Fürsorge (Carol Gilligan) verstehen und leichter adaptieren werden als Jungen, in deren Rollenstereotyp eben solche Fürsorglichkeit angeblich weniger vorzukommen scheint. Vermutlich werden Schülerinnen wie Schüler Fürsorge wie Abgrenzung in ihrem moralischen Verhalten praktizieren und werden beide Gruppen altruistische wie am Eigeninteresse orientierte Handlungsmotive miteinander verbinden. Aber es könnte durchaus sein, dass Mädchen im Einzelfall sich durch die Begegnungen in den Praktika eher unter einen gewissen moralischen Leistungsdruck gesetzt fühlen oder – positiv gewendet – diesem Projekt schlichtweg eher zustimmen werden als Jungen.

3. Die institutionelle Dimension

Die Implementierung des Compassion-Projekts in die Schulen hat Interventions-Charakter. Das Projekt verändert die Schulorganisation, den Ablauf des Schuljahrs, den Unterricht und es verschiebt die Grenzen von Unterricht und Schule dadurch, das es die Schulen auf Lebenswelten hin öffnet, die in der Schule real sonst nicht vorkommen: Die Welt kleiner Kinder, sog. „behinderter" Menschen, kranker Menschen, Asylsuchender, die Welt von alten Menschen, Obdachlosen usw. Die organisatorischen und schulinternen Veränderungen, die diese Öffnung mit sich bringt, beschreibt Franz Kuhn in diesem Band.

Als pädagogische Intervention geht das Projekt nur soweit, wie das System der Institution verträgt. Sie soll nicht aufgehoben und nicht total verändert werden, wie auch die Schülerinnen und Schüler und die Lehrerinnen und Lehrer in ihrer Eigenständigkeit und bisherigen Arbeit respektiert werden. Die Intervention bringt lediglich etwas Neues. Und die Institution adaptiert das Neue oder stößt es wieder ab. Man bedenke, wie viele Innovationen die Schule in der Geschichte dieses Jahrhunderts schon integriert und abgeschliffen hat. Der sicher innovativste Teil des Compassion-Projekts ist die Verknüpfung der Sozial-Praktika mit Unterricht. Dass genau diese Verknüpfung im Zuge der Implementierung und Adaption als Störung des institutionalisierten Unterrichts empfunden und daher wieder ausgeschieden wird, wäre die größte Gefährdung der Compassion-Initiative und ihrer Wirkungen.

4. Erwägungen zur religiösen Sinngebung der Compassion-Initiative

Der Theologe Johann Baptist Metz hat Compassion „das Schlüsselwort" des Christentums genannt. Compassion sei „Empfindlichkeit für das Leid der anderen". Dieser Blick sei genuin christlich. Jesu Blick habe primär nicht der Sünde, sondern dem Leid des Menschen gegolten. Christliche Mystik sei „eine Mystik der Compassion". Ihr Imperativ laute: „Aufwachen, die Augen öffnen. Das Christentum ist kein blinder Seelenzauber. Es lehrt nicht eine Mystik der geschlossenen, sondern eine Mystik der offenen Augen. Im Entdecken, im Sehen von Menschen, die im alltäglichen Gesichtskreis unsichtbar bleiben, beginnt die Sichtbarkeit Gottes, öffnet sich seine Spur." Jesusnachfolge sei ein Weg der Compassion. Dieser Weg sei freilich abenteuerlich. Er bedeute, „für andere dazu sein, ehe man überhaupt etwas von ihnen hat".[6]

Diese religiöse Sinngebung kann, aber sie muss nicht mit dem Compassion-Projekt in Verbindung gebracht werden. Denn es geht in diesem Projekt sozialen und ethischen Lernens nicht um die Vermittlung eines Weltbildes und einer religiösen Überzeugung, sondern um die Entwicklung einer Haltung, wie sie grundsätzlich jeder Mensch einem anderen Menschen gegenüber einnehmen kann. Die religiöse Sinngebung ist jedoch in kirchlichen Schulen am Platz. Sie gehört zum Bildungsverständnis und Profil dieser Schulen und stärkt Schülerinnen und Schüler mit kirchlichem Hintergrund. Die Grenze der Übertragbarkeit des Compassion-Projekts – zunächst für die Arbeit an Freien Katholischen Schulen konzipiert – auf zur weltanschaulichen Neutralität verpflichtete öffentliche Schulen liegt dann in dieser potenziell religiösen Sinngebung von Compassion, nicht jedoch in der Zumutung sozialverpflichteten Handelns.

Anmerkungen

[1] Vgl. F. Saal, Ungelebtes Leben – Nicht die Behinderung blockiert das Dasein, sondern die Art und Weise, mit ihr umzugehen, in: Zwierlein, E. (Hrsg.), Handbuch Integration und Ausgrenzung. Behinderte Menschen in der Gesellschaft, Neuwied u. a. 1996, 297.

[2] H. Klages, Wertorientierungen im Wandel. Rückblick, Gegenstandsanalyse, Prognosen, Frankfurt/ New York 1984.

[3] A. Etzioni, Die Entdeckung des Gemeinwesens, Stuttgart 1995; A. Honneth (Hrsg.), Kommunitarismus. Eine Debatte über die moralischen Grundlagen moderner Gesellschaften, Frankfurt/ New York 1993.

[4] L. Kuld/ St. Gönnheimer, Compassion. Sozialverpflichtetes Lernen und Handeln, Stuttgart 2000.

[5] Vgl. hierzu den Beitrag von Jürgen Rekus in diesem Band

[6] Süddeutsche Zeitung vom 23.24./25.12.1997, Nr. 296, S. 57 – Ausführlicher hierzu vgl. die Beiträge von J. B. Metz und D. Mieth in diesem Band.

Literatur:

Etzioni, A., Die Entdeckung des Gemeinwesens, Stuttgart 1995.

Honneth, A. (Hrsg.), Kommunitarismus. Eine Debatte über die moralischen Grundlagen moderner Gesellschaften, Frankfurt/ New York 1993.

Klages, H., Wertorientierungen im Wandel. Rückblick, Gegenstandsanalyse, Prognosen, Frankfurt/ New York 1984.

Kuld, L./ Gönnheimer, St., Compassion, Stuttgart 2000.

Metz, J. B., Die Autorität der Leidenden. Compassion – Vorschlag zu einem Weltprogramm des Christentums, in: Süddeutsche Zeitung 24.12.1997, Nr. 296, S. 57.

Saal, F., Ungelebtes Leben – Nicht die Behinderung blockiert das Dasein, sondern die Art und Weise, mit ihr umzugehen, in: Zwierlein, E. (Hrsg.), Handbuch Integration und Ausgrenzung. Behinderte Menschen in der Gesellschaft, Neuwied u. a. 1996, 293–302.

Idee und Initiative

Ein Pilotprojekt: Genese, Besonderheiten, Ziele

Adolf Weisbrod

„Sieh hin – und du weißt!" So hat Johann Baptist Metz in seinem Beitrag den Philosophen Hans Jonas zitiert. Diese Devise steht hinter unserer Compassion-Initiative.

Im *Mai 1992* hatte eine kleine *Arbeitsgruppe*, deren Vorsitzender ich geworden war, von der *Deutschen Bischofskonferenz* den Auftrag bekommen, ein konkretes Projekt zu entwickeln, das die Erziehungs- und Bildungsarbeit der Katholischen Freien Schulen speziell profiliert und an den aktuellen Bedürfnissen unserer Gesellschaft ausrichtet. Die in der Diskussion rasch entstandene Idee, das soziale Lernen junger Menschen zu verstärken und gezielt in den Vordergrund zu stellen, war damals noch lange nicht so aktuell, wie sie sich Jahre später immer mehr im breiten Bewusstsein niederschlug. Die konkrete Umsetzung unseres Projekts hatte bereits begonnen, als Bundestagsabgeordnete unterschiedlicher Fraktionen den Antrag einbrachten, in das Grundgesetz den Begriff „Mitmenschlichkeit" aufzunehmen. Rasch fand unsere „Innovation der Unterrichts- und Erziehungsarbeit" breite Bestätigung und Unterstützung in Presse, Rundfunk und Fernsehen. Das allgemeine Bewusstsein war inzwischen höchst sensibel geworden.

Die Arbeitsgruppe hat *1994 eine Broschüre* vorgelegt mit dem Titel *„Compassion – ein Praxis- und Unterrichtsprojekt sozialen Lernens: Menschsein für andere"* (Adolf Weisbrod/Franz Kuhn/Friedrich Hirsch). Die einschlägige Bedürftigkeit unserer *Gesellschaft* und der gegenwärtigen *Jugend* lässt sich beispielhaft in den Schlagwörtern – leider lamentierend klingend – zusammenfassen: Dominanz des Ego, Individualisierung, Krise der Familie, Vielzahl der Alleinerziehenden und der Einzelkinder, Orientierungslosigkeit, Verlust von Tradition und Werten, Verwöhnung durch Wohlstand und Gefährdung durch soziale Verwahrlosung. Richtungweisend für uns waren *Sätze wie:* „Liebe deinen Nächsten; er ist wie du!" (Martin Buber) / „Ein Mensch = kein Mensch" (Viktor Frankl) / „Jeder Einzelne ist nur eben so viel wert, wie die Dinge wert sind, um die er sich in seinem Leben ernsthaft bemüht hat." (Marc Aurel).

Einzelne Kirchliche Freie Schulen in der Bundesrepublik hatten in früheren Jahren bereits eine Art Sozialpraktikum eingeführt; in unserer Diözese war es das Kolleg St. Sebastian in Stegen bei Freiburg. Das *Wesentliche und entscheidend Neue an unserem Projekt* ist der Gedanke, dass Erfahrung und *emotionale Betroffenheit* durch wochenlange Mitarbeit in einem Krankenhaus, in einem Behindertenheim, in einem Altenpflegeheim, in einem Kindergarten oder in einer Förderschule nur dann *vertieft und nachhaltig prägend* wirken, wenn danach in möglichst *allen Fächern des Unterrichts* – ohne ausdrücklichen Bezug auf das Projekt – das *Ethos sozialer Sensibilität* bedacht, herausgestrichen und plausibel gemacht wird. Diese nachhaltige Wirkung eines fachübergreifenden Unterrichtsprinzips ist in der wissenschaftlichen Untersuchung eindeutig zutage getreten. Aus unterrichtsorganisatorischen Gründen und auch vor allem, um zu vermeiden, dass gerade die „Bedürftigen" unter den Schülerinnen und Schülern sich vom Praktikum dispensieren, ist es wichtig, dass sich die gesamte Klasse jeweils gleichzeitig dieser Herausforderung stellt.

Das Projekt ist für die Katholischen Freien Schulen aller Diözesen konzipiert, wurde aber konsequent und umfassend *zunächst* in den katholischen weiterführenden Schulen der *Erzdiözese Freiburg* umgesetzt, weil ich als Stiftungsdirektor für diese Schulen zuständig bin. Bewusst wurden deswegen u. a. aufgenommen in die *Arbeitsgruppe* der Präsident des Oberschulamts Karlsruhe, Dr. Hirsch, Ministerialrätin Dr. Beitl vom Ministerium für Kultus und Sport und Dr. Kuhn, der Leiter des St. Raphael-Gymnasiums in Heidelberg.

Es ist nicht verwunderlich, dass an den einzelnen Schulen bei der Einführung des Projekts zunächst große Überzeugungsarbeit gefragt ist gegen eigentlich verständliche *Widerstände: Lehrer* beklagen sich darüber, dass ihnen die Allgemeinheit wiederum eine gesellschaftliche Aufgabe auf die Schultern lege, wie bereits mit Verkehrserziehung, Gesundheitserziehung, Geschlechtserziehung, Umwelterziehung u. a. m. geschehen; außerdem sei der Unterrichtsstoff in der begrenzten Zeit ohnehin nicht zu bewältigen. *Schüler* wehren sich gegen eine undispensable Verpflichtung angesichts des ohnehin schon zeitverschlingenden Programms der Oberstufe und gegen eine solche „caritativ-soziale" Zumutung. Und die *Eltern* schließlich befürchten, dass ihre Söhne und Töchter vielleicht psychisch überfordert werden könnten, und auch, dass die so wichtigen Noten am Schuljahresende negativ beeinträchtigt würden. Viele Diskussionen sind da und dort nötig, um solche Bedenken zu relativieren und auszuräumen. Die plausibelsten Argumente liefern erfahrungsgemäß *Berichte von Schülerinnen und Schülern*, die solche Praktika bereits gemacht haben. Sie sind fast alle dermaßen überzeugend, dass Vorbehalte schnell schwinden.

An den *Katholischen Freien Schulen* im Bereich der *Erzdiözese Freiburg* – auch an einigen evangelischen und staatlichen Schulen – sind also Jahr für Jahr die Praktika durchgeführt worden, an denen sich *hunderte Schülerinnen und Schüler* beteiligten. Von ihnen allen liegen sehr lesenswerte Berichte vor. Die meisten Praktikumsstellen, in denen sie gearbeitet haben, sind auch im folgenden Jahr daran interessiert, von unseren Schulen wiederum Praktikanten/innen zu bekommen; das erleichtert die Organisation.

Mit Hilfe des Ministeriums für Kultus und Sport in Stuttgart war es gelungen, in der *Bund-Länder-Kommission* unsere Compassion-Initiative als *Pilotprojekt* anerkannt zu bekommen. Dadurch wurden uns Bundes- und Landesmittel zur Verfügung gestellt, durch die ermöglicht wurde, dass *Prof. Dr. Lothar Kuld* von der Pädagogischen Hochschule Karlsruhe und sein Mitarbeiter *Stefan Gönnheimer* während der Schuljahre 1996/97 und 1997/98 an ausgewählten Schulen Vorbereitung, Durchführung und Nachbereitung des Praktikums *wissenschaftlich beratend* begleiten und nach einem präzisen Frageraster *auswerten* konnten. Das hat zu sehr *signifikanten Feststellungen* geführt, die am 09. März 1999 in einer sehr gut besuchten Veranstaltung an der Universität Freiburg präsentiert wurden.

So wie Hans *Küng* für ein „*Weltethos*" wirbt, spricht *Johann Baptist Metz* bzgl. Compassion von einem „*Weltprogramm des Christentums*". Nicht nur in den Medien war das Echo sehr bemerkenswert, sondern auch politische Instanzen reagierten höchst interessiert. Der ehemalige *Bundespräsident Herzog* z. B. hat öffentlich unser Projekt als vorbildlich herausgestellt, das *Ministerium für Kultus und Sport Stuttgart* hat inzwischen eine Kommission eingesetzt und ihr zu überlegen aufgetragen, wie die *Initiative auch an staatlichen Schulen* des Landes umgesetzt werden könnte. Dafür wird zurzeit ein „*Reader*" erarbeitet als knappe Handreichung bei regionalen Informationstreffen für Schulleiter/innen und bei Fortbildungsseminaren für Lehrer/innen. Auch *Forbildungsveranstaltungen* der Katholischen Freien Schulen *aller Diözesen* werden der Compassion-Initiative gewidmet sein. Praxis-Erfahrungen und die wissenschaftlichen Untersuchungen haben überzeugend gezeigt, dass die Gesellschaft der Zukunft auf diese Art Sensibilisierung der jungen Generation angewiesen ist und dass sich nicht nur die Einstellung der Jugendlichen, sondern auch die Atmosphäre in den Schulen nachhaltig positiv verändern. Insofern entspricht die Compassion-Initiative Katholischer Freier Schulen dem durch *Privatschulgesetz* vorgegebenen Auftrag, „... das öffentliche Schulwesen zu bereichern und durch besondere Formen des Unterrichts und der Erziehung zu fördern."

Leonardo Boff nennt seine einschlägige Sammlung unter dem Gesamt-Titel „*Prinzip Mitgefühl*" (Herder-Spektrum) „Texte für eine bessere Zukunft". Dieses Thema und Ethos haben eine große Tradition bei allen Völkern, Kulturen und zu allen Zeiten. „Mitgefühl", sagt er, „ist die menschlichste aller Tugenden." In Schule und Bildung brauchen wir mehr als nur fachwissenschaftliche Kenntnisse. „Von der Quantenphysik und der Kosmologie", so ist auf Seite 21 zu lesen, „wissen wir, dass das grundlegende Gesetz des Universums nicht Konkurrenz und der Triumph des Stärksten sind, sondern die *Synergie* – das Zusammenwirken – und das Zusammenspiel von allen mit allen ... Wir wurden nicht zum Menschen, als einer unserer Vorfahren ein technisches Werkzeug erfand, um damit ein individuelles Überleben zu sichern, sondern ... als die Menschen begannen, *solidarisch* unter sich die Nahrung aufzuteilen und gemeinsam nach ihr zu suchen."

Theol. Fakultät der Universität Freiburg,
Pädagogische Hochschule Karlsruhe

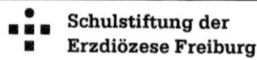 **Schulstiftung der**
Erzdiözese Freiburg

Compassion
Schulprojekt sozialen Lernens
Ergebnisse der wissenschaftlichen Evaluation

PROGRAMM

Begrüßung und Einführung

Compassion – Vorschlag zu einem Weltprogramm des Christentums
Prof. Dr. Johann Baptist Metz, Münster

Zur Genese
Dr. Adolf Weisbrod; Direktor der Schulstiftung der Erzdiözese
Peter Munk; RR im Bundesministerium (BMBF), Bonn
Klaus Happold; Ltd. MR im MKS, Stuttgart

Compassion – Wirkungen der schulischen Konkretion
Prof. Dr. Lothar Kuld / StR Stefan Gönnheimer,
Pädagogische Hochschule, Karlsruhe
Rückfragen und Aussprache

Dienstag, 9. März 1999, 15.00 Uhr ct

Universität Freiburg, Werthmannplatz
Kollegiengebäude I – Raum 1098

Umsetzungsmöglichkeiten an Schulen

Friedrich Hirsch

Hartmut v. Hentig hat in seinem Buch Bildung sechs „Maßstäbe" formuliert, an denen der Gebildete zu erkennen sei: „Abscheu und Abwehr von Unmenschlichkeit, die Wahrnehmung von Glück, die Fähigkeit und der Wille sich zu verständigen, ein Bewusstsein von der Geschichtlichkeit der eigenen Existenz, Wachheit für letzte Fragen und – ein doppeltes Kriterium – die Bereitschaft zur Selbstverantwortung und Verantwortung in der res publica". Mit diesen Formulierungen werden „Letzte" und existenzielle Forderungen an den Einzelnen gestellt. Sie stehen im Einklang mit den erzieherischen Zielen, die im Rahmen des Bildungs- und Erziehungsauftrages von Schulen gefordert sind.

H. Giesecke schreibt in seinem Buch „Päd. Illusionen" auf S. 28: „Das sind wieder erzieherische Ansprüche, an und für sich gewiss wünschenswerte, die aber nicht planmäßig verwirklicht werden können und die selbst das beste Arrangement von Bildung zumindest im Einzelfall verfehlen kann. Derartige Erwartungen können nur Hoffnungen bleiben ..."

Dies ist gewiss wahr; Schule lebt von der Hoffnung und Zuversicht, dass das dort Vermittelte auf fruchtbaren Boden fällt. Und es fällt dann auf fruchtbaren Boden, mindestens in vielen Fällen, wenn das Dargebotene, die Begegnung authentisch, wahrhaftig ist. Deshalb kommt es auch so sehr auf die Vorbildwirkung der Lehrerinnen und Lehrer an, wobei m. E. entscheidender das ehrliche Wollen, die Wahrhaftigkeit ist als letztlich das u. U. fehlerhafte Umsetzen. In den Bildungsplänen aller Schularten in Baden-Württemberg wird von dieser Vorbildwirkung der Lehrerpersönlichkeit gesprochen, die den Unterricht erst glaubwürdig macht. Im Unterricht wird in der Regel an Beispielen oder in literarischen Texten, in Gesprächen und Diskussionen die Aneignung von Kenntnissen und die Vermittlung von Werten und Normen angestrebt. Anders ist der Ansatz des Projektes Compassion. Das Besondere ist die *Begegnung* mit dem behinderten, dem kranken, dem alten Menschen, in dem das Humanum in all seinen Facetten, in seiner Armseligkeit, Bedürftigkeit, seiner Freude und Bescheidenheit jungen Menschen authentisch entgegentritt. Das Mo-

101

dellhafte schulischen Lernens und schulischen Lebens wird komplementiert durch Begegnung, Betroffenheit, Handeln. Und damit werden Schule, Bildung und Erziehung in eine andere Dimension gebracht. Das Leben in seiner besonderen menschlichen Qualität (Freude und Leid) wird Gegenstand von Bildung und Erziehung, und zwar aus der Erfahrung eigener Erlebnisse heraus, verbunden mit der Aufarbeitung im Unterricht, im Gespräch, begleitet durch den Lehrer. Hermann Giesecke schreibt in seinem o.g. Buch mit Recht (S. 50):

„Andererseits schafft das ‚naturwüchsige' Handlungslernen erst die Voraussetzung für das Bildungslernen, weil es die Erfahrungen vermittelt, an die dieses anknüpfen kann. Bildungslernen löst keineswegs das Handlungslernen ab oder lässt es als minderwertig hinter sich; vielmehr behalten beide Formen ihre je bes. Bedeutung und im besten Fall befruchten sie einander."

Schule soll junge Menschen zu Persönlichkeiten bilden und erziehen, die dem Leben offen und optimistisch begegnen und die sich den Herausforderungen stellen. Der Bildungsplan für das Gymnasium fordert deshalb z.B. das bewusste Zusammenwirken der Fächer, um ganzheitlich die Persönlichkeit der Schülerinnen und Schüler zu fördern. So heißt es bezüglich des Erziehungs- und Bildungsauftrages: „Gleichrangig neben dem Erwerb von Wissen, Fähigkeiten und Fertigkeiten stehen die Bildung des Charakters und die Entfaltung gefühlsmäßiger und schöpferischer Kräfte sowie die Ausbildung sozialer, ethischer und religiöser Wertvorstellungen und Verhaltensweisen. Dabei fördert die gymnasiale Bildungs- und Erziehungsarbeit insbesondere die Entwicklung von Toleranz und Solidarität sowie ein umfassendes Verantwortungsbewusstsein für Mensch und Natur."

Die große Zahl von Einzelkindern, die weit verbreitete Konsumhaltung und der z.T. hemmungslose Egoismus erschweren es, ja machen es zum Teil unmöglich, die im Bildungsplan genannten Ziele zu erreichen. Das Schwinden sozialer Verantwortung und erkennbare Defizite im sensiblen Umgang mit anderen erfordern deshalb ein Neues bzw. erweitertes Sinnkonzept der Schule. Um dieses erreichen zu können ist es deshalb notwendig, die Schule zu öffnen und die oft beklagte Wirklichkeitsferne schulischen Lebens zu durchbrechen; Schüler sollen verstärkt selbst handeln und Wirklichkeit erfahren.

Frau Ministerin Dr. Schavan schreibt in ihrem Buch „Schule der Zukunft" dazu:

„Wir trauen Kindern und Jugendlichen in unseren Schulen oftmals nicht genug zu. Wir lassen sie zu wenig teilhaben an der Gestaltung der Schule. ... Wir brauchen einen kontinuierlichen Ausbau der Schülermentorensysteme – wie sie in Baden-Württemberg im Bereich des Sportes, der Musik und der Zusammenarbeit zwischen Schule und Jugendarbeit entwickelt werden. Als Mentorinnen und Mentoren übernehmen Jugendliche eigene Verantwortung gegenüber ihresgleichen. Schule kann den Schülerinnen und Schülern auf diese Weise den Ernstfall ermöglichen, wenn es um Verantwortung, soziales Verhalten und die Vorbereitung auf eine aktive Bürgergesellschaft geht.

Die Schule der Zukunft muss Kindern und Jugendlichen Räume der Gestaltung und konkreten Einübung geben, weil Initiative, Selbständigkeit und Verantwortung sich nicht allein theoretisch vermitteln lassen."

Heranbildung von Verantwortungsbewusstsein und Handlungsbereitschaft lassen sich am wirkungsvollsten in der authentischen Begegnung und der theoretischen Aufarbeitung dieser Begegnung verwirklichen. Das, was Schülerinnen und Schüler in den Heimen und Einrichtungen im Umgang mit Alten, Kranken, Behinderten erfahren, spüren und erleben, muss im Unterricht reflektiert, hinterfragt, aufgearbeitet werden, und zwar nicht nur im Fach Religion, sondern in möglichst vielen Fächern und die Lehrpläne bieten dazu viele Anknüpfungspunkte. Die Wirkung einer solchen Aufarbeitung ist groß. Dies zeigen die zahlreichen Berichte von Schülerinnen und Schülern, dies belegt die wiss. Begleitung. Ein weiterer positiver Aspekt der persönlichen Begegnung mit Menschen am „Rande" der Gesellschaft ist die Weitung des Blickwinkels junger Menschen. Sie erleben Einrichtungen, die sich in ihrer Umgebung finden, die sie aber nicht bewusst wahrgenommen haben (Altenheime, Behinderteneinrichtungen). Sie erkennen, wie viel Staat und Gesellschaft als Solidargemeinschaft für diese Menschen aufwenden und wie viel Hingabe von vielen Menschen erforderlich ist, um Behinderten, Alten und Kranken ein Leben in Würde zu ermöglichen. Schüler erleben auch die Unzulänglichkeiten menschlichen Verhaltens und werden gewiss nachdenklich bei dem Gedanken, dass ihre Eltern, Verwandten, vielleicht sie selbst in ähnliche Situationen geraten könnten. Junge Menschen erfahren auch, dass hinter jeder Person eine einzigartige Lebensgeschichte steht, in der sich trotz Leid und Elend auch viel Freude verbirgt. Sie lernen vom Vordergründigen zum Wesentlichen vorzustoßen. Und wenn in unseren Bildungplänen die Erziehung zu Toleranz und sozialem Verhalten niedergeschrieben ist, so wird dies in der Begegnung mit dem Alltag in Heimen geradezu provoziert. Gemeinsame Erlebnisse beim Essen, Waschen, Vorlesen, Erzählen revidieren Klischees und Vorurteile. Die Berichte, die uns von geleisteten Praktika vorliegen, zeigen, dass die Angst vor dem Umgang mit Behinderten schwindet, man lacht nicht mehr über Behinderte, man entdeckt, dass auf seine Weise in jedem Menschen eine unverwechselbare Persönlichkeit steckt. Junge Menschen erleben aber auch, dass sie gebraucht werden und dass sie viel mehr leisten können, als sie sich selbst zugetraut haben. Sich in neuen und ungewohnten Situationen zurechtfinden, sich auf Menschen einstellen und den Kontakt zu ihnen pflegen vermitteln soziale Kompetenz, fördern Selbstsicherheit und Selbstbewusstsein.

Freilich wird mancher Schüler dabei auch seine Grenzen erfahren, er wird spüren, wo seine Stärken und seine Schwächen liegen. Der Aufarbeitung im Unterricht kommt deshalb eine große Bedeutung zu. Der Schüler kann seine Probleme, seine Erlebnisse ansprechen und erfährt aus den Äußerungen seiner Kameraden, dass es ihnen ähnlich geht. Der Schüler erfährt in der sozialen Gemeinschaft seiner Klasse, dass er mit seinen Ängsten und Schwächen nicht allein ist, er gewinnt aus dem Gespräch mit Lehrern und Kameraden Kraft und Mut, findet Wege. Schließlich wird er zur Reflexion seiner eigenen Situation, seines eigenen Lebens und Lebensweges geführt, er entdeckt Werte und Ziele, die ihm bisher unbekannt waren.

So bietet das Projekt Compassion eine sehr gute Möglichkeit, die soziale Sensibilität, Verantwortungsbewusstsein, Hilfsbereitschaft, den Blick auf den Nächsten und seine Bedürfnisse und auf die eigene Bedingtheit zu fördern.

Damit stößt Compassion in das Zentrum des Bildungs- und Erziehungsauftrags unserer Schulen, über den es im Schulgesetz in § 1 heißt: „Über die Vermittlung von Wissen und Fähigkeiten und Fertigkeiten hinaus ist die Schule insbesondere gehalten, die Schüler ... *zur Achtung der Würde* und der Überzeugung *anderer*, zu Leistungswillen und *Eigenverantwortung* sowie zu *sozialer Bewährung* zu erziehen und in *der Entfaltung ihrer Persönlichkeit* und Begabung zu fördern."

Damit erfüllt das Projekt Compassion in herausragender Weise den gesetzlich genannten Auftrag.

Freilich werden nicht alle staatlichen Schulen sich in gleicher Weise einsetzen können. Zunächst sind es äußere Rahmenbedingungen, die erfüllt sein müssen: Es müssen die entsprechenden Einrichtungen in erreichbarer Nähe existieren, die Schüler müssen das entspre-

chende Alter haben. Außerdem müssen alle Beteiligten dazu bereit
sein – Eltern, Lehrer, Schüler.

Sieben Punkte wurden für die erfolgreiche Umsetzung des Compas-
sion-Projektes als wesentlich formuliert:

1. *Jeder* Schüler der Klasse leistet ein Sozialpraktikum ab. Dieses
   kann in Altenheimen, Krankenhäusern, Kinderheimen, Sozialsta-
   tionen etc. absolviert werden. Zwei, besser drei Wochen soll er dort
   einen pflegerischen Dienst übernehmnen und damit „authentische Begegnungen und Erfahrungen" sammeln. (Bisherige Erfahrungen zeigen, dass daraus oft eine länger wirkende Bindung entsteht. Dies ist ein wünschenswerter Effekt.)
2. Das Sozialpraktikum soll *kein Berufs- und Betriebspraktikum* sein,
   in dem der junge Mensch seine berufliche Orientierung sucht.
   Wenn sich eine solche Orientierung ergibt, mag es für den Einzelnen gut sein. Primäres Ziel bleibt aber die mitmenschliche Begegnung, die authentische Erfahrung menschlichen Seins und mit-
   menschlicher Wirklichkeit, die Sensibilisierung für die Not, das
   Leid, das Glück des anderen.
3. Das Praktikum ist von jedem Schüler der Klasse zu absolvieren,
   und das ist für die *Klassengemeinschaft* von besonderer Bedeutung.
   Jeder Schüler der Klasse macht Erfahrungen unterschiedlicher
   Art, die in der Klasse, in der Begegnung untereinander bespro-
   chen, diskutiert werden. Er erlebt auch an seinen Kameradinnen
   und Kameraden Betroffenheiten und erfährt von Schwierigkeiten,
   Bedrücktsein und Erleichterung.
4. Die *unterrichtliche Begleitung* ist zentraler Bestandteil dieses Praktikums. In möglichst vielen Fächern, in fächerübergreifenden und
   fächerverbindenden Themenstellungen werden die Schüler auf
   das Praktikum vorbereitet, ihre Erfahrungen werden nach dem
   Praktikum aufgegriffen und letztlich aufgearbeitet.
5. Die *Lehrerinnen und Lehrer besuchen* ihre Schüler an dem Ort ihres
   Praktikums und erleben selbst die verschiedenen Tätigkeiten und
   das Verhalten der Schüler. Der Unterricht in den einzelnen Fächern greift die Beobachtungen und authentischen Erfahrungen
   von Schülern und Lehrern auf. Dadurch erhält die unterrichtliche
   Situation Spannung und eine besondere Bedeutung. Das Erarbeiten von Ergebnissen, das Aufarbeiten von Erlebnissen, die Reflexion über das Erlebte und die Vergleiche z. B. mit literarischen Zeugnissen ziehen alle in ihren Bann.
6. Jeder Beteiligte erhält über sein Sozialpraktikum von der Stelle, an

der er dieses geleistet hat, *ein Zertifikat*, in dem der Arbeitsplatz beschrieben und die Leistung gewürdigt werden.

7. Die Schule stellt die *Kontakte* zu den Institutionen her, begleitet das Praktikum.

Mit diesen sieben Punkten wurde der Rahmen abgesteckt, in dem das Projekt sich vollziehen sollte.

Dieses Projekt wird sich – wie bereits gesagt – nicht an jeder Schule und an jedem Ort verwirklichen lassen. Ein ganzes Kollegium muss sich auf große Herausforderungen einstellen. Lehrerinnen und Lehrer müssen bereit sein, ein Wagnis auf sich zu nehmen, müssen bereit sein, miteinander Unterricht zu planen, Abstimmungen im Stoff vorzunehmen, Unvorhersehbares zu bewältigen.

Das Projekt ist am wirkungsvollsten, wie die wissenschaftliche Untersuchung belegt, wenn in den einzelnen Fächern die Vor- und Nachbereitung erfolgt, wenn Bezüge zu Stoffen hergestellt und das zu Erlebende bzw. Erlebte reflektiert werden. Ein solches Projekt verantwortlich mitzutragen, erfordert auch die Übereinstimmung im Kollegium. Die Berichte der beteiligten Schulen zeigen, dass anfänglich durchaus Skepsis, Ratlosigkeit, auch Ängste bestanden. In den im Kollegium geführten Diskussionen konnten diese überwunden werden. Nach ersten oder zweiten Durchgängen war die Durchführung des Projektes viel einfacher. Ängste ergaben sich z. B. aus der Frage, ob junge Menschen den in den sozialen Einrichtungen ihnen begegnenden „Ernstfällen" gewachsen sein werden, ob sie die Kraft hätten, ungewohnte und ungewöhnliche Situationen zu bewältigen, ob die alten oder kranken Menschen sich öffnen und die Jungen annehmen würden und vieles mehr. Auch Elternsorgen mussten von der Schule mitgetragen und abgebaut werden. Denn auch die Eltern waren unsicher, ob ihre Kinder den Belastungen gewachsen sein würden, ob ‚Traumata' entstehen würden, ob sie selbst das Erlebte und Erzählte tragen und mitverarbeiten konnten. In dem Bericht einer Schule heißt es: „...viele Eltern glaubten, dass ihre Kinder dem psychischen Stress nicht gewachsen waren. Das zeigten viele besorgte Anrufe ... Mit der Fortdauer des Praktikums kam es aber zu einem völligen Umschwung. Den Schülern wurden die Betreuten vertraut, ... die Praktikanten wurden von den Betreuten ‚wie alte Bekannte' begrüßt ... Die Freude der betreuten Personen, die Dankbarkeit, die den Schülerinnen und Schülern entgegen gebracht wurde – auch wenn sie sich oft nicht in Worten äußerte ... schaffte Vertrauen und Sicherheit.

Aus all dem ergibt sich, dass Schule hier eine andere Qualität erhält, der „Ernstfall" wird Unterricht. Im Rahmen der Inneren Schulreform, in der sich Schulen ein eigenes Profil, in der Schulen vielfältige Formen von Erfahrungs- und Tätigkeitsbereichen suchen, ist ein solches Projekt hervorragend einzubetten. So gibt es Schulen, die sich mit dem Compassion-Projekt ein soziales Profil geben, das weit hinaus in die Gemeinde wirkt. Es entstehen Begegnungstage, an denen Schüler der breiten Öffentlichkeit die Einrichtungen vorstellen, über ihre Erfahrungen berichten und aus einer staatlichen Schule, die dieses Projekt durchführte, heißt es:

„Das Sozialverhalten innerhalb der Klasse hat sich sichtbar verändert. Es wurde danach, und zwar anhaltend, die Gemeinschaft mehr in den Vordergrund gestellt und das Einzelinteresse merklich zurückgenommen. Das Verständnis für menschliche Schwächen wuchs und die Schülerinnen konnten eher mit den psychischen Störungen, auch bei ihren eigenen Klassenkameraden, umgehen. Es wurde ihnen klar, dass körperliche und seelische sowie geistige Gesundheit kein ‚Verdienst' ist." Dies ist ein großartiges Erlebnis für eine Klassen- und Schulgemeinschaft.

Die Schulverwaltung unterstützt das Compassion-Projekt und hat im Rahmen der Lehrerfortbildung die Multiplikation, die Weitergabe von Erfahrungsberichten und die Herstellung von Kontakten gefördert. Sie tut dies, weil nach ihrer Auffassung in diesem Projekt zentrale Fragen schulischer Bildungs- und Erziehungsarbeit (s. o.) gefördert werden. Dabei ist es von hohem Nutzen, dass aus zahlreichen kirchlichen Schulen Erfahrungen vorliegen. Probleme und Fragestellungen konnten an diesen kirchlichen Einrichtungen erprobt und ausgelotet, Lösungen gefunden werden. Gerade weil die Zahl dieser Schulen überschaubar ist, weil die Wertorientierung einheitlich ist, konnte in vielen Besprechungen und Veranstaltungen ein unkomplizierter und reger Erfahrungsaustausch stattfinden. Persönliche Hilfestellungen durch kirchliche Kräfte und die vielen sozialen kirchlichen Einrichtungen erleichterten den Start und sicherten eine breite Erfahrungsqualität. So konnten staatliche Schulen davon profitieren. Zunächst von besonders engagierten Kollegien aufgegriffen, breitet sich das Projekt in zahlreichen staatlichen Schulen aus. Es ist zu wünschen, dass die Wirkung überzeugt und dass viele junge Menschen die Möglichkeit erhalten, sich in diesem Projekt zu bewähren, daraus zu lernen und in ihrer eigenen Persönlichkeitsentwicklung bereichert zu werden. Und wenn es in der neuesten Spiegelumfrage (28/99) heißt, dass 90 % junger Menschen glauben, dass es sich lohnt, gegen soziale Ungerechtigkeit zu kämpfen, und 61 % sich für das verantwortlich fühlen, was in ihrem Land passiert, dann sind dies hoffnungsvolle Signale. Sie lehnen sich an das an, was L. Boff in seinem Buch „Prinzip Mitgefühl" (S. 24) schreibt: „Mit-Gefühl heißt: Sorge für das Leben des anderen empfinden".

Wenn dies der Schule gelingt, dann hat sie etwas Großartiges erreicht.

Literaturangaben

L. Boff: Prinzip Mitgefühl, Texte für eine bessere Zukunft, Herder Freiburg 1999.
H. v. Hentig: Bildung, Weinheim 1999.
H. Giesecke: Päd. Illusionen, Stuttgart 1998.
A. Schavan: Schule der Zukunft, Bildungsperspektiven des 21. Jahrhunderts, Herder Freiburg 1998.

Unterrichtliche Begleitung

Franz Kuhn

„Wenn du es nicht kannst, dann lernst du es eben!" – Wenn eine solche
gereizte Lehrerbemerkung der geistige Hintergrund für die Idee gewesen wäre, die zwar angestoßene, aber doch mit Freude und sponta-
ner Natürlichkeit geleistete Hilfsbereitschaft Jugendlicher in einem
Sozialpraktikum unterrichtlich zu verpacken und dem die höhere
Weihe der Lehrplanwürdigkeit zu geben, dann wäre das Projekt
„Compassion" gescheitert. *„Wenn du es nicht kannst"* unterstellt, dass
ein prosoziales Empfinden und Verhalten bei Jugendlichen fehle oder
zu sehr verkümmert sei; *„dann lernst du es eben!"*, lässt „Lernen" als
Indoktrination oder Aufoktroyieren missverstehen. Richtig ist aber,
dass sich die Frage stellt, ob ein soziales Praktikum überhaupt einer
unterrichtlichen Ergänzung bedarf. Genügt es nicht im Erleben zu
lernen?

*„Grau, teurer Freund, ist alle Theorie, und grün des Lebens goldner
Baum".* meint schulskeptisch Mephistopheles in Goethes Faust. –
Dem ist zu entgegnen, dass eine Theorie ohne Praxis zwar grau, eine
Praxis ohne Theorie aber „gräulich" („gräulich" nach alter Recht-
schreibung!) ist. *Theorie* soll hier im Blick auf Unterricht als *Reflexion
von Erfahrung und Praxis* verstanden werden. *Lernen* ist der ganzheit-
liche Prozess, in dem im Sinn der sokratischen Hebammenkunst etwas angeeignet wird, was nicht von außen aufgesetzt, sondern aus
uns selbst zu lebendiger Entfaltung gehoben wird: „The treasure with-
in", der Schatz im Innern, den zu heben sich lohnt: Mitmenschlichkeit und das Zutrauen, sie ausüben zu können. Die Gegebenheiten
der Kleinfamilie und die Verhältnisse der modernen Gesellschaft bieten oft nicht genügend Herausforderungen, dass soziales Verhalten
unbewusst von frühester Kindheit an und gleichsam automatisch er-
lernt wird. Angelegt ist diese Fähigkeit in jedem Menschen; sie wird
aktualisiert und nachhaltig habitualisiert durch Lernen im Sinn eines
die Praxis reflektierenden Nachdenkens. Das ist mit kurzen Worten
der Grund, warum im Projekt „Compassion" die unterrichtliche Begleitung nicht garnierende Zutat, sondern integraler Bestandteil ist.
„Die Liebe des Anderen sagt dir, was du bist." – *„Aus dem Andern, nicht*

aus unserm eigenen in sich befangenen Selbst spricht die Wahrheit zu uns." Ludwig Feuerbach.

Liebe, Mitmenschlichkeit, Altruismus, Empathie, Mitleid, Teamfähigkeit – Das weit gefächerte Feld der Begriffe, die Soziales signalisieren, lässt erkennen, dass es um einen wechselseitigen Prozess geht: Dieses aus den Erfahrungen der Jugendlichen bewusst werden zu lassen ist deswegen so wichtig, weil sie gerade in einem Entwicklungsprozess der Selbstfindung stehen, in dem sie mit großer Kraft und Anstrengung ihre Selbstwerdung oft gegen und in Loslösung bisheriger Bindungen erkämpfen. Ängste, dass eine Hinwendung zum anderen dem eigenen Genuss und der Selbstverwirklichung hinderlich sei, bewirken manchmal einen Stil, der den Anschein erweckt, als wollten Jugendliche sich vorenthalten. Ablehnend werten Erwachsene das als Egoismus und Individualismus. Es gilt aber, „Das Individuum in der Rolle des Mitmenschen" zu entdecken, wie der Titel eines wichtigen Werkes von Karl Löwith heißt. Der so verstandene Mitmensch ist nicht das Objekt einer gut gemeinten Aktion eines selbstbewussten Ich, das sich einem anderen herablassend und gnädig zuwendet, sondern der Partner, durch den ich in einer gleichseitigen Wechselbeziehung erst erlebe, dass und wie ich ein Selbst bin.

Was kann Unterricht zu diesem Prozess beitragen?

Unterricht ist immer auf den Bezug zu einer Wirklichkeit angewiesen. Dass dieser Wirklichkeitsbezug zu wenig lebendig und selbsterfahren sei, wird beklagt. „Virtuell" wäre das heute modische Stichwort für diese Art einer „künstlichen" Vergegenwärtigung der Gegenstände von Unterricht; das sind dann blutleere „Kopfgeburten", die, weil sie nur theoretisch und kognitiv angesprochen wurden, nicht zum Erlebnis werden und deswegen auch nicht nachhaltig wirken. Es ist eine elementare Forderung an guten Unterricht, dass er durch Anschaulichkeit und Eigentätigkeit der Lernenden angereichert, also ‚erlebnisaufgeladen' sein soll. Die angestrebte Mehrdimensionalität von Unterricht soll eine Vernetzung der Bereiche untereinander und des Erkennens mit dem Leben fördern. Eine große Gefahr bloß angelesener Bekanntschaft mit dem Leben ist die Haltung der „Präexistenz", in der, wie Hugo von Hofmannsthal eindringlich zeigt, die Versuchung angelegt ist, der Wirklichkeit des Lebens im elfenbeinernen Turm der Fantasie auszuweichen. Das erzeugt eine introvertierte und eskapistische Haltung, die in der Begegnung mit dem konkreten Leben, mit dem lebendigen Mitmenschen zu versagen droht. Wenn also Heranwachsende auf Facetten des Lebens aufmerksam werden sollen, die ihrer Erfahrung in der Regel noch

nicht zugänglich sind (Leid, Behinderung, Krankheit, soziale Ausgrenzung), ist es einerseits wichtig, ihnen Gelegenheit zu geben, hier
eigene Erfahrung zu machen, damit ihre Vorstellung nicht blutleer
und abstrakt bleibt. Andererseits soll durch Reflexion im Unterricht
das Erlebte aufgearbeitet werden, damit es nicht stumpf bleibt.

Andererseits ist die Möglichkeit, neue Erfahrung zu machen, angewiesen auf immer schon vorhandene geistige und seelische Aufnah-
mekapazität. Es müssen Strukturen schon da sein, an die sich das
Neue anlagern kann.

Im Hinblick auf Soziales ist Unterricht Initiator, Medium, Katalysator
und Transformator.

(1) Initiator: Der das Compassion-Praktikum vorbereitende Unterricht setzt in den jeweiligen Feldern des Unterrichts Erwartungen in
Gang, macht mit der sozialen Thematik vertraut und bereitet durch
die Vernetzung und fächerverbindende Blickweise auf die komplexe
Vielfalt der sozialen Wirklichkeit vor. So wie im Hinblick auf den
Schöpfungsglauben eine reifere Wahrnehmung die „Evolution als
den Finger des Schöpfergottes" verstehen kann, so werden soziale
Systeme nicht nur als starre und äußerliche Strukturen einer verwalteten Versorgung (oder Entsorgung) von Sonderfällen verstanden,
sondern durch die persönliche Erfahrung und die menschlichen Begegnungen werden soziale Systeme als notwendige und sinnvolle Er-
weiterungen einer persönlichen Mitmenschlichkeit und Nächstenliebe begriffen. Wer in einem Krankenhaus Pflege geleistet hat, muss
nicht Arzt oder Pfleger werden, aber er hat gespürt, dass soziale
Strukturen nur dann lebendige, lebenerhaltende Organismen sind,
wenn die in ihnen tätigen Menschen ihre Arbeit mit fachlicher Kompetenz und aus einem Geist der Mitmenschlichkeit als Dienst am
Nächsten tun. Andererseits ist in einem solchen sozialen Praktikum
vermittelbar, dass Strukturen nicht des Teufels sind, sondern in einer
komplexen Gesellschaft notwendige Formen, durch die der ferne
Nächste erst für meine Hilfe, meine mitfühlende Zuwendung er-
reichbar wird. Kenntnis dieser Zusammenhänge werden im Unterricht, der dem Praktikum vorausgeht, angebahnt.

(2) Medium: Es liegt nahe, dass ein Unterricht zu sozialen Themen
in sozialen Formen und Methoden des Lernens stattfinden sollte. Erfahrungsaustausch, Partner- und Gruppenarbeit, Teamfähigkeit und
andere offene Formen der Interaktion zwischen Lehrenden und Lernenden und der Lernenden untereinander sollten verstärkt gepflegt

werden. Die Rückbindung an ein erlebtes Sozialpraktikum legt es nah, die Beiträge jedes Einzelnen zu Wort kommen zu lassen.

(3) Katalysator: Soziales Verhalten, prosoziale Einstellung kann in der Regel nicht direktes Ziel von Unterrichtung sein (das wäre eher Drill oder Eintrichterung). In der Beschäftigung mit im Bildungsplan vorgegebenen Themen mit sozialem Gehalt wird Unterricht zum Katalysator für die beim Lernenden jeweils individuell und eigenentdeckend verlaufenden Prozesse der Verarbeitung von Erlebtem und Erfahrenem zu Wissen, Werten und (veränderter) Verhaltensbereitschaft. Auf indirekte Weise ermöglicht so der Compassion-Unterricht Mündigkeit im Hinblick auf eigene Gefühle, Erfahrungsurteile und Haltungen; indirekt stärkt er die Bereitschaft „aus sich heraus zu gehen" – nicht nur im Blick auf das Unterrichtsgeschehen selbst, sonder als soziale Bereitschaft über die Schule hinaus.

(4) Transformator: Prosoziale Verhaltensänderungen können und sollen durch Unterricht nicht erzwungen werden. Sehr wohl kann aber Unterricht auf der Basis von eigener Erfahrung dazu führen, dass Themen wirklichkeitsnah diskutiert, Selbsteinschätzung und Selbstwertgefühl gefördert werden. Ganz allgemein können Urteile zum sozialen Bereich aus der Vorurteilsstruktur in kompetentere und realistischere Handlungs- und Entscheidungsüberzeugungen überführt werden.

Es gibt kein eigenes Fach „Compassion". Auch hier gilt, dass nicht direkt belehrt werden sollte, sondern die vorhandenen Lernfelder des Bildungsplans auf das Thema bezogen werden. Der Unterricht Ende der Mittel- und Anfang der Oberstufe bietet dazu viele Möglichkeiten. Ob im Fach Deutsch Peter Härtlings „Oma" (Umgang mit einem alten Menschen) oder aus den eindringlichen Zeugnissen und Dokumenten zum Holocaust Texte wie Isa Vermehren „Reise durch den letzten Akt" oder aus Marcel Reich Ranickis „Mein Leben" gelesen werden, in jedem Fall wird das Einfühlungsvermögen sensibilisiert. Nicht alle Fächer können in gleicher Weise zu dem übergreifenden Thema „Compassion" beitragen, aber wer im Blick auf die Opfer der schweren Erdbeben in der Türkei und in Griechenland nach dem Vorschlag von Jürgen Layer (Forum 27, S. 57–60) die beiden Pliniusbriefe zum Ausbruch des Vesuv im Jahr 79 n.Chr. liest, wird gerade in der historischen Entfremdung die Bedeutung entdecken, die verantwortungsbewusstes Handeln und Engagement für mitmenschliche Hilfe haben. Dass der Beitrag des Unterrichts nicht auf geisteswissenschaftliche, sozial- und gesellschaftswissenschaftliche Fächer beschränkt sein muss, zeigt der Ansatz von Hartmut Köhler zum Mathematikunterricht. – Literatur bietet eine Vielzahl von Beispielen, in denen es dem Leser ermöglicht wird, sich mit dem Samariter, dem Einfühlsamen, dem unprätentiös Handelnden zu identifizieren. (So wäre z. B. Tolstojs Erzählung „Der Tod des Iwan Iljitsch" eine geeignete Lektüre. Die Gestalt des jungen Bauernburschen und Knechtes Gerasim lässt gerade im Kontrast zur distanziert der Begegnung mit dem sterbenskranken Gerichtsbeamten ausweichenden Familie die Menschlichkeit der unverstellten Bereitschaft für den Leidenden da zu sein erkennen.)

Doch soll sich der Unterricht nicht nur auf der Ebene der angemuteten Einfühlung bewegen. Sehr gut eignen sich Dilemmata-Diskussionen, in denen der provozierende Widerspruch zu einem Denken und Handeln aus Compassion untabuisiert zur Auseinandersetzung herausfordert. Geeignete Themen dafür sind die Debatte um den Sozialdarwinismus, die Euthanasie, die ethischen Theorien Singers. Der (Un-)Geist der Kaltschnäuzigkeit soll durchaus empfunden werden; daran sich zu reiben stärkt die spirituellen ‚Antikörper'.

Zum Beispiel: Mathematikunterricht

Hartmut Köhler

„So wären es ein Verrat an der gymnasialen Wahrheitsverpflichtung und eine wirksame Irreführung des Schülers, wenn ein Abiturient zwar ein dringendes Verständnis für die Mathematik, aber keines dafür hätte, dass nackter Hunger das vordringlichste Problem der halben Menschheit ist ..." [A. I. Wittenberg: Bildung und Mathematik, 1963]. Dieser Satz fordert heute vor allem etwas von der Mathematik selbst, die dem Schüler als Bildungsangebot begegnet. Denn in einer Zeit, in der Menschen „mit der Waffengewalt von Mathematik" zur Akzeptanz neuer technischer Systeme gebracht werden [U. Beck: Gegengifte. Die organisierte Unverantwortlichkeit, 1988], ist es nötig, dass „die Gesellschaft ein Bewusstsein davon entwickelt, dass sie im mathematischen Alltag sich selbst in bestimmter Weise ordnet und dass es dabei also um sie selbst geht" [Davis/Hersh: Descartes' Traum, 1988]. Mathematik, sofern sie Anlass zur Bildung sein soll, muss vor diesem Hintergrund einer veränderten Welt gesehen werden [H. Köhler: Bildung und Mathematik in der gefährdeten Welt, 1993]. Gerade die Mathematik ist gefordert, wenn es darum geht, gegen die Kälte radikaler neoliberaler wirtschaftlicher Gruppenegoismen [J. Saul: Der Markt frisst seine Kinder, 1997] eine Bürgergesellschaft zu ermöglichen, in der der Mensch nicht nur als Kaufkraftbeitrag verrechnet wird.

Damit sind wir bei einer der beiden für unser Thema wesentlichen Richtungen, in die der Mathematikunterricht zu öffnen wäre. Er muss ein Bewusstsein von den *Problemen der Anwendung der Mathematik in der Gesellschaft* entwickeln, und zwar einerseits für den späteren mathematischen Laien, der die Anwendung „spüren" und in Hinsicht auf (mit)menschliche Belange beurteilen können muss, und andererseits für den späteren Anwender, damit er nicht den „Bulldozer Mathematik" besteigt, den Motor anwirft und die Landschaft (möglicherweise, ohne sich dessen bewusst zu werden) plattwalzt [B. Molander: Knowledge – Between Theory and Practice, 1993]. Die zweite Richtung einer notwendigen Öffnung ist die *Hinwendung zum Mitmenschen im Lernprozess* selbst, also die Veränderung der Unterrichtsatmosphäre, die im Mathematikunterricht oft geradezu durch eine möglichst weitgehende Eliminierung aller persönlichen Besonderheiten bestimmt ist. Notwendig ist sowohl zwischen Schülern unter sich als auch zwischen ihnen und dem Lehrer eine dialogische Atmosphäre, das heißt die Wahrnehmung und Anerkennung des Nächsten. Ja es spricht viel dafür, dass diese menschliche Begegnung besonders stark gefordert ist in diesem Fach, in dem jeder der Beteiligten auf dem Weg in abstrakte Strukturen menschliche Wesenszüge zeitweise übergehen muss. Es ist nötig, den Gedankengang des Gegenüber mitzufühlen. Das Wort mitfühlen geht keineswegs zu weit, handelt es sich doch bei „dem Gedankengang" genau besehen um ein Netz von Vorstellungen, Assoziationen, logischen Verknüpfungen und vielem mehr. Diese *Offenheit im Dialog* ist so wichtig für den Mathematikunterricht in beschränkter Sichtweise wie auch für einen, der den Schüler als Person ernst nimmt – und ihm damit auch die Erfahrung solchen gegenseitigen Umganges mitgibt. Beispiel:

Dialog: Statt Überrumpelung – Annahme des Schülers, d. h. seines Arguments!

Aufgabe: Stell dir ein Roulette mit (nur) gleich vielen roten und schwarzen Feldern vor. Dein Freund hat zehn Mal auf Rot gesetzt, und zehn Mal kam Schwarz. Jetzt kannst du noch ein Mal setzen; worauf setzt du und warum?

Die verschiedenen Antworten werden diskutiert. Johannes sagt: „Ich setze auf Rot, denn nach zehn Mal Schwarz ist die Wahrscheinlichkeit für Rot zehn Mal größer." Er wird mit dem Gegenargument pariert, dass sich die Wahrscheinlichkeit für den nächsten Wurf nicht geändert haben könne, da das Rad kein Gedächtnis habe. Er kann sich dem Argument nicht entziehen. Es ist offensichtlich richtig. Aber was macht er nun mit seiner Überlegung, die doch insofern richtig ist, als schon eine Zehnerserie selten ist, eine Elferserie aber noch viel seltener? Der Dialogpartner hat sich nicht auf die Argumentationsebene von Johannes eingelassen, sondern auf ganz anderer Ebene ausgeholt und ihn besiegt. Hätte er sich auf Johannes eingelassen, hätte er auf die Frage der seltenen langen Serien eingehen müssen. Das wäre vielleicht sogar gelungen, indem er, von seiner eigenen Denkweise, der Symmetrie des Apparates ausgehend, argumentiert hätte: „Natürlich ist eine Elferserie noch seltener. Aber wieso zehn Mal seltener?" Und falls Johannes hier gepasst hätte, hätte er dann seine Meinung in die Debatte werfen können. „Die Wahrscheinlichkeit einer Elferserie wird halb so groß sein wie die einer Zehnerserie. Im Mittel wird jede zweite Zehnerserie zur Elferserie werden." So hätte Johannes die Möglichkeit gehabt, von *seiner* Überlegung her mitzudenken.

Derartiger Umgang ermöglicht Verständnis. Und nur das taugt als Reisegepäck für das spätere Leben. Nötig sind für möglichst viele Situationen taugliche allgemeine Fähigkeiten. Wobei wir bei den „vielen Situationen" vor allem auch daran denken müssen – ein Akt echter Compassion –, dass sehr viele unserer Schüler später keinen üblichen Arbeitsplatz erhalten werden [V. Forrester: Der Terror der Ökonomie, 1997]. Es ist zwar bequem, Schule weiterhin als Grundlage für eine Welt zu ergreifender Berufe zu sehen, der Wirklichkeit, in die unsere Schüler später gestoßen werden, entspricht das nicht mehr. Ein ganz einfaches Beispiel möge beleuchten, was solche Fertigkeiten sind. Im Mathematikunterricht arbeiten wir bei vielen Gelegenheiten mit Bildern von Wirklichkeiten – Plänen, Grundrissen, Koordinatensystemen u. a. Viele Schüler werden mit genau diesen Plänen später nicht arbeiten, aber die Fähigkeit, Bilder von Wirklichkeiten zu verstehen, zu entwerfen, zu verknüpfen, zu verändern usw., wird in unserer Welt von jedem in verschiedenen Situationen und auf verschiedenem Niveau gefordert. Beispiel:

Stadtplan:
Ein Ehepaar steigt aus dem Bus und sucht sein Ferienquartier. Die Frau ist so mutig, zum Ortsplan zu gehen, der groß und deutlich auf der anderen Straßenseite zu sehen ist. Er ist ideal aufgestellt und gibt so viele direkt am Standort sichtbare Bezugsgebäude an, dass es eine Kleinigkeit sein müsste, danach den Weg zu finden. Die Frau findet die Straße im Plan – und weiß doch nicht, wohin sie gehen soll. Sie mag mit Plänen und Koordinatensystemen in der Schule gearbeitet haben. Sie kann ja auch im Plan lesen. Was aber fehlt, ist eine Verbindung zwischen Plan und Wirklichkeit. Diese Verbindung herstellen zu können, erreichte ihr Mathematikunterricht offensichtlich nicht. Dazu wäre immer erneutes eigenes Gehen auf Wegen von der Wirklichkeit zum abstrakten System und zurück, also ein immer erneut spannendes Geschehen notwendig gewesen, das in einem mitmenschlich warm getönten Ambiente die größten Erfolgschancen hat.

Solange Mathematikunterricht nur die reine Rechenfertigkeit fördern will, das mechanische Abarbeiten von Kalkülen u. ä., führt er zur *Nichtbeachtung des Kontextes*, aus dem das jeweilige Problem, die jeweilige Aufgabe stammt. Das ist auch Gewöhnung an unhinterfragtes Handeln im gerade vorliegenden Rahmen. Mitmenschlich gesehen: *Gleichgültigkeit gegenüber möglicherweise tangierten Menschen.* Beispiel:

Aus der Rechtsprechung:
„Ein Autofahrer A fährt auf einer innerstädtischen Vorfahrtstraße mit 135 km/h (!). Fahrer B verursacht durch Nichtbeachten der Vorfahrt von A einen Unfall. Welchen Anteil des Schadens von A hat B zu tragen? Der Bundesgerichtshof hatte in einem ähnlichen Fall, in dem ein Fahrer mit 100 km/h gefahren war, diesem 33 $\frac{1}{3}$ % des Schadensbetrags zugebilligt. Davon ausgehend, argumentierte ein Oberlandesgericht, A habe hier ‚entsprechend' dem BGH-Urteil noch Anspruch auf 25 % ($\approx$ 33 $\frac{1}{3}$ % $\cdot \frac{100}{135}$) des Schadensbetrags. – Diese Entscheidung ist grotesk, ganz unabhängig von der Nichtbeachtung der Bremswegformel." [A. Kirsch: Verstehen des Verstehbaren ..., 1995]

Man könnte solchen Gegebenheiten bewusst entgegenwirken durch Aufgreifen derartiger Beispiele im Unterricht. Eine Aufgabe zu dem zitierten Beispiel könnte lauten:

Welche Gründe des OLG für seine Kalkulation sind vorstellbar? Welche Argumentationen für andere Entscheidungen auf der Basis des BGH-Urteils wären möglich?

Wann ist eigentlich ein proportionaler Ansatz überhaupt nur sinnvoll?

Die Schule ist mitverantwortlich dafür, dass der Schüler lernt, die *Grenzen* sinnvoller oder überhaupt möglicher *mathematischer Aussagen* sehen zu lernen. Damit lernt er zugleich, überhaupt nach den Grundlagen und den Grenzen von Aussagen zu fragen; ein Schritt von dogmatischer Fixierung zu rationalem Dialog, *vom technischen Ablauf zur mitweltlichen, insbesondere mitmenschlichen Betrachtung.* Beispiel:

Die Menschen nicht gesehen:
„... *Ein Sportverein hat 3500 Mitglieder, davon 2000 Jugendliche. Diese zahlten bisher 5 DM Monatsbeitrag, die Erwachsenen 7 DM. Die gesamten Beitragseinnahmen müssen auf monatlich 34 500 DM (14 000 DM mehr) erhöht werden. Wie sind die Beiträge neu festzusetzen?*
... Dies war für die Schüler eine völlig ungewohnte Aufgabe: Die *Entscheidung* zu treffen für einen Ansatz, ein Modell, um die Vorstellung „gerechte Verteilung der neuen Lasten auf alle Mitglieder" mathematisch zu fassen. Die Vorschläge waren dementsprechend noch enttäuschend: ... „Alle sollen um den gleichen Betrag erhöht werden" ...

Es dauerte eine ganze Weile, bis die offensichtliche Ungerechtigkeit dieses Ansatzes erkannt wurde, und weiter, bis der Vorschlag kam:

„Alle Beiträge um den gleichen *Prozentsatz* erhöhen." ... Hiermit schien nun der richtige Ansatz für die Lösung des Problems gefunden! Es zeigte sich kein Bedürfnis, die Aufforderung zu Vorschlägen weiter zu nutzen, obwohl doch das alte Beitragsverhältnis 5 zu 7 durchaus Ansatzpunkte zu Kritik geboten hätte. Es lag wohl auch das verbreitete Missverständnis vor, dass – ganz allgemein – prozentuale Erhöhungen „gleichwertige" Belastungen ausdrücken, dass also der gefundene Ansatz schlechthin „der gerechte" sei. [Kirsch, s. o.]

Von solchen noch recht einfachen Fragestellungen reicht die Problematik bis hin zu Fragen, bei denen es im Extremfall um Leben und Tod geht. Typische Bulldozer im oben angesprochenen Sinne sind Statistiken. Beispiele:

Aus der Statistik:

So kann es beispielsweise durchaus um Leben oder Tod gehen bei der Entscheidung eines Arztes, ob er seinen Patienten statistisch eingeordnet oder individuell behandeln soll [H. Köhler: Über Relevanz und Grenzen von Mathematisierungen, 1992, S. 54 f.]. Eine Aufgabe zu einer Medizinstatistik zu rechnen, ohne diese Problematik zu streifen, kann durchaus künftige Patienten wie Ärzte über die Anwendung der Statistik blind für das dahinter stehende menschliche Geschehen machen. Von Ärzten, die Gesundheitsschädigungen von Kindern bei der Erhebung einer Statistik in Kauf nehmen [a. a. O., S. 44: Bsp. III. 2.b.3], bis zu Mathematikern, die ausrechnen, ob die Zahlung für die Toten als Folge statistisch zu erwartender Unfälle wegen eines Fehlers bei der Autoproduktion oder die Umstellung der Produktion zur Vermeidung des Fehlers billiger wäre [a. a. O., S. 43: Bsp. III. 2.b.2], öffnet sich hier ein weites Feld möglicher derartiger Folgen.

Bei solchen Betrachtungen ist schnell der Einwand zu hören, Mathematik sei nicht dazu da, gesellschaftliche Probleme zu diskutieren. Das stimmt zweifellos, wenn es in dieser Enge gesagt wird. Aber es gilt ebenso zweifellos, dass man nicht lernen kann, mit Mathematik in realen Zusammenhängen vernünftig umzugehen, wenn man den isolierten Umgang mit ihr eingeübt hat. Genauso wie man beurteilen muss, ob in Physik eine Formel zur vorliegenden Situation „passt", so muss auch sonst über den *Einsatz* eines mathematischen Hilfsmittels zunächst *entschieden* werden. Wo aber lernt der Schüler das, wenn im Mathematikunterricht die Hilfsmittel immer fraglos eingesetzt werden? Ein Mensch, der in unserer Welt mitmenschlich handeln will, mündiger Bürger eines demokratischen Gemeinwesens, braucht ein Bewusstsein von solchen Zusammenhängen und er braucht Grunderfahrungen davon, wie man mit ihnen umgehen kann. [H. Köhler (Hg.): Mathematikunterricht und demokratische Erziehung, 1998] Wobei mathematische Entscheidungen zugleich immer stärker und immer weniger offensichtlich in unser Leben eingreifen, immer mehr in Vorgänge eingehüllt, die die mathematischen Anteile eher verbergen.

Eine pädagogische Entscheidung gegen engen Unterricht als Anleitung zur bloßen Handhabung von Kalkülen ist die, im Unterricht möglichst vielen Aspekten einer Sache oder eines Problems Raum zu geben. Dabei werden die möglichen Folgen einer weiteren bzw. tieferen Weltsicht schon im Unterricht selbst manifest. Begriffe beginnen zu leben, Inhalte treten in Verbindung zu vielen anderen, der Schüler gerät in einen Aktivitätssog durch das Erleben, dass ihm Dinge nicht eindeutig und vom Lehrer präsentiert gegenübertreten sondern viele Seiten haben, die zu entdecken spannend ist. Das beginnt beim frühen Umgang mit Zahlen. Beispiel:

„Die schönste Zwölf" [Schuberth]:
Wenn die Zwölf nicht nur eine Zahl ist, die als Ergebnis erscheint, vielleicht noch gewisse Teiler hat, sondern auch eine vielfältig darstellbare wie in der Frage nach der „schönsten" Zwölf, nämlich der „am schönsten" additiv zusammengesetzten, gibt es etwas zu erkunden und etwas zu beurteilen:

$1 + 11,\quad 2 + 10\quad /\quad 6 + 2 + 4,\quad 6 + 4 + 2\quad /\quad 6 + 6,\quad 4 + 4 + 4\quad /$
$1 + 2 + 3 + 3 + 2 + 1$

Das führt sogleich mit der größeren Vertrautheit mit Zahlen und der Verbesserung der Rechenfertigkeit zur Erfahrung der Vielfältigkeit der Mathematik und ihrer „Verwendung". Die offene Frage führt zwar auch zu subjektiven Urteilen, diese mobilisieren aber mathematische Vorstellungen! Die Erfahrung, dass es *verschiedene Anworten* gibt, dass der Klassenkamerad nicht einfach nur richtiger oder schlechter umgeht mit einer Sache, sondern anders in einem nicht unbedingt qualifizierbaren Sinne, ist *ein Weg zur Wahrnehmung des Mitmenschen.* Damit stellt sich zugleich die Frage nach der Objektivität. Was und inwieweit Objektivität ist, kann nur wahrgenommen werden, wenn die *Grenzen der Objektivität* deutlich werden. Sonst kommen wir immer erneut zu dem fatalen Vorurteil, alles, was irgendwie mit Mathematik zu tun hat, sei objektiv. Dieses Vorurteil bedeutet übrigens auch die Überflüssigkeit, einen eigenen Standpunkt zu den entsprechenden Sachverhalten zu gewinnen und durchzutragen.

Die Missachtung von Zusammenhängen, die Beschränkung des Blickes auf das jeweilig gerade bearbeitete Detail, ist für die großen

Umweltprobleme, besser *Mitweltprobleme* unserer Zeit verantwortlich. Ein Ansatz zu ihrer Beachtung im Unterricht besteht im Ernstnehmen von Zusammenhängen, im Blick möglichst auf das Ganze von Welt und Leben. Beispiel:

Umwelterziehung: Vom bloßen Rechnen zum verantwortlichen Denken

Ein Buch stellt zum „kostbaren Nass" die Aufgabe, die nach Verwendung aufgeschlüsselten 146 Liter Trinkwasser, die je Einwohner 1990 in den alten Bundesländern verbraucht wurden,

Toilettenspülung	47 l	
	44 l	Baden, Duschen
Wäsche waschen	18 l	
	9 l	Körperpflege
Geschirr spülen	9 l	
	6 l	Garten bewässern
Kochen, Trinken	3 l	
	3 l	Auto waschen
sonstige Zwecke	7 l,	

in einem Stabdiagramm zu veranschaulichen: Da gilt es, die jeweiligen Höhen der Säulen nach der Wahl eines Maßstabes zu berechnen und entsprechend zu zeichnen. Das fordert die Aufgabe.

Dabei *müssen* einige fachlich notwendige Fragen nach dem Rahmen der Aussagen aufgeworfen werden: Was ist wohl mit den einzelnen Posten (z. B. Körperpflege) alles erfasst, wie ist es erfasst, woher stammen die Zahlen? Und weitere solche mathematisch unabdingbare Fragen, die die Angaben im Kontext zu sehen gestatten.

Darüber hinaus *könnten* Fragen auftauchen wie diese: Nur 2 % brauchen wir zur Ernährung, aber 30 %, um deren Reste zu verdünnen für die Reise zum Klärwerk, wo sie mühsam wieder aus der Verdünnung zurückgeholt werden – welch unsinnige Technik!

Dann *sollte* auch der Blick über den Zaun nicht versäumt werden; das heißt, die hinter den Angaben stehenden Wertungen und Entscheidungen sollten reflektiert werden. Über das Verständnis der Kategorien hinaus geht es jetzt um deren Legitimation. Also etwa: Was hat man wohl diesem Verbrauch je Einwohner alles hinzugerechnet? Ist der Verbrauch einfach die insgesamt in die Wohnungen geflossene Wassermenge dividiert durch die Einwohnerzahl? Wenn das so wäre (wer geht der Sache nach?): Ist das alles, was dem Bürger als Wasserverbrauch zugerechnet werden muss?

Die chemische Industrie verbraucht so viel Wasser, wie in die privaten Haushalte fließt [Studie *Zukunftsfähiges Deutschland* 1996]. Wie viel Wasser wird wohl gebraucht, um das Duschgel herzustellen, das viele benutzen? Muss man dieses verbrauchte Wasser nicht genauso zum Baden und Duschen hinzurechnen? Wer verbraucht denn überhaupt die Produkte der chemischen Industrie? Gehört deren Wasserverbrauch etwa nicht zum Verbrauch der Bürger?

Und schließlich *die mitmenschliche Frage:* Wie sieht die Relation Wasser für die Ernährung zum übrigen Verbrauch aus? Durst ist ein schmerzendes, ja existenzielles Problem für Millionen von Menschen. Wir aber „schütten fast alles Wasser ungetrunken weg". (Oder zur Art der Ernährung: Von dem Wasser, das man für die Erzeugung eines Rindersteaks braucht, kann man für 50 Menschen eine gleichwertige Reis- oder Sojamahlzeit erzeugen.) Welche *Handlungstendenz* sollte daraus erwachsen? (Wer solche Aufgaben rechnet, ohne das mitzubedenken – wird er sonst besonders verantwortungsvoll Mitmenschen und Mitwelt gegenübertreten?)

Mathematik auf dem Wege zum Mitmenschen: Aber es gibt für jeden Menschen nur einen solchen Weg – den selbst gegangenen bzw. selbst zu beschreitenden. Nur wenn sehr viele Menschen einen solchen Weg gegangen sind, können wir hoffen, dass mathematische Systeme, die unser Leben (in sich) hoch funktional in den Griff nehmen, für die Mehrheit der Mitmenschen aber kaum handhabbar sind, ausreichend in Frage gestellt werden.

Wissenschaftliche Evaluation des Modellversuchs

Lothar Kuld / Stefan Gönnheimer

1. Ausgangspunkt

Das Compassion-Projekt wurde von der Autorengruppe Adolf Weisbrod, Franz Kuhn und Friedrich Hirsch in der Zeitschrift *Engagement* 1994 erstmals beschrieben.[1]

Ziel des Projekts ist die Entwicklung und Stärkung sozialverpflichteter Haltungen unter Schülerinnen und Schülern. Die Autoren sehen darin eine herausragende gesellschaftspolitische Aufgabe, der sich auch die Schulen zu stellen hätten. Es gehe darum, die heranwachsende Generation für eine Gesellschaft der ‚Mitleidenschaft' zu gewinnen, in der Solidarität und Engagement für andere nicht als Dummheit gilt, sondern als ein Gewinn an Menschlichkeit betrachtet wird. Die Qualität einer Gesellschaft werde nicht zuletzt daran zu messen sein, wie sie mit jenen umgeht, die sich, aus welchen Gründen auch immer, aus eigenen Kräften nicht helfen oder mithalten können. Diese Haltung sozialverpflichteten Engagements meint das Wort *Compassion*.

Die Schülerinnen und Schüler gehen während des Schuljahrs in der Regel zwei Wochen lang in eine soziale Einrichtung, ein Altersheim, ein Krankenhaus, einen Kindergarten, sie gehen in Behindertenheime, machen mit bei der Betreuung von Asylsuchenden, von Obdachlosen, in der Bahnhofsmission usw. Der Unterricht der verschiedenen Fächer begleitet das Praktikum. Er greift soziale, historische, biologische, ethische Fragen auf, die in Zusammenhang mit dem Praktikum in den Blick geraten, und dies alles mit der Absicht, den Schülerinnen und Schülern zu helfen, ihre Erfahrungen in den Realbegegnungen mit behinderten oder kranken oder am Rande der Gesellschaft lebenden Menschen zu artikulieren, zu reflektieren, zu bewerten und einzuordnen.

Die wissenschaftliche Begleitung des Modellversuchs lief in den Schuljahren 1996/97 und 1997/98.[2] Im Schuljahr 1996/97 waren ca. 180 Schülerinnen und Schüler, im Schuljahr 1997/98 ca. 450 Schülerinnen und Schüler, davon ca. 150 aus den Kontrollgruppen, in die Untersuchung einbezogen. Einbezogen waren Schulen aller Schularten in staatlicher wie kirchlicher Trägerschaft: eine Förderschule, eine Hauptschule, eine Realschule, Gymnasien verschiedenen Typs. Als die wissenschaftliche Begleitung mit ihrer Arbeit begann, war an einigen der zu untersuchenden Schulen das Projekt schon seit drei Jahren etabliert, andere begannen eben erst mit der Implementierung von Compassion, andere versuchten Varianten zu den üblichen Abläufen, sei es dass sie das Praktikum auf eine Woche verkürzten oder auf vier Wochen ausdehnten. Die Form des Compassionunterrichts war sehr unterschiedlich. Einige Schulen luden die wissenschaftliche Begleitung zu Konsultationsgesprächen und Fortbildungen über die Durchführung des Projekts, vor allem über die unterrichtliche Begleitung der Praktika ein. Die Situation der wissenschaftlichen Begleitung war dadurch scheinbar zweideutig: Sie beriet im Aufbau eines Praxisfeldes, das zu untersuchen sie angetreten war. Es zeigte sich jedoch, dass die je besondere Lage der einzelnen Schulen diese zu jeweils sehr eigenständigen Realisierungen des Projektes führte, und diese Realisierungen waren dann Gegenstand der Untersuchung.

2. Aufbau des Forschungsinstrumentariums

Eine der ersten Aufgaben war, ein Instrumentarium zu entwickeln, mit dem sozialverpflichtete Haltungen und ihre Veränderung durch schulische Maßnahmen zu messen wären. Dieses Vorhaben war naturgemäß problematisch, da für die empirische Beobachtung und Erhebung von Werthaltungen, Wertorientierungen und Handlungsmotiven kein einheitliches Vokabular und wenig methodische Sicherheit besteht. Die SHELL-Studie „Jugend '97" hält die Untersuchung von Werthaltungen kurzerhand für unmöglich und nicht überzeugend, und sie verzichtet deshalb überraschend ganz darauf, auf diesem Gebiet überhaupt etwas herausfinden zu wollen.[3]
Hermeneutisch – dessen waren wir uns bewusst – bewegten wir uns in einem Zirkel. Haltungen und Einstellungen erfragen, heißt nämlich Einstellungen und Handlungsmotive interpretieren bzw. Interpretationen von Haltungen und Werten zu erfragen. Wir versuchten daher, und jetzt nehmen wir die Skizze des wissenschaftlichen Abschlussberichts[4] auf, zunächst unsere eigenen Zugänge zum Compassion-Projekt zu beschreiben. Wir sehen vorab fünf Dimensionen, die wir oben in diesem Band[5] schon skizziert haben: eine politische,

eine religiöse bzw. ethische, eine erlebnis- und moralpädagogische, eine schulische bzw. schulorganisatorische.

In moralpädagogischer Sicht versucht das Compassion-Projekt Bedingungen zu schaffen, in denen sich die Disposition zur sozialmoralischen Selbstverpflichtung bewähren und weiter entfalten kann. *Erlebnispädagogisch* geht es um die Anregung zu solcher Selbstverpflichtung durch die Begegnung mit Menschen in Realsituationen. Auf der Ebene der *Schulorganisation und Schulentwicklung* bedeutet das Projekt eine Öffnung der Schule auf Lebenswelten hin, die real so in der Schule nicht vorkommen, sowie eine Veränderung des Unterrichts durch neue Inhalte und die Aktivierung seiner erzieherischen Dimension. Das Projekt verändert daher die Schulen, ihre Organisation und den Unterricht.

Wir entschieden uns, forschungspraktisch und mit Blick auf die Hypothesen und pädagogischen Interessen der Initiatoren des Compassion-Projekts vorab diese drei Dimensionen näher zu untersuchen. Wir sind auch der Meinung, dass trotz der oben nur angedeuteten Forschungsprobleme immerhin auf eine rund vierzigjährige Forschungstätigkeit im Bereich moralischer Entwicklung zurückgegriffen werden kann und die – natürlich auch umstrittenen – Ergebnisse dieser Forschungen in die theoretischen Überlegungen und Orientierungen der wissenschaftlichen Begleitung einbezogen werden müssen: die Theorie der Moralentwicklung von Lawrence Kohlberg, die These von der weiblichen Moral von Carol Gilligan, die Altruismus/Compassion-Forschung (z. B. Robert Wuthnow[6]), die Erlebnispädagogik und ihre gegenwärtige Rezeptionsgeschichte und Kritik, Studien zu Wertorientierungen Jugendlicher und zur Moralerziehung in der Schule.

Im Durchgang durch diese Arbeiten kamen wir zu folgenden Thesen:

„*(1) Verständnis des Projekts durch die Schüler:* Wir gehen davon aus, dass die von uns begleiteten Jugendlichen einer im Sinne Kohlbergs konventionellen Moral verhaftet sein werden. Das heißt: Sie werden den Einsatz für andere gut finden, weil das sozialmoralische Leben mit andern, das Leben in einer Gruppe, Solidarität mit Schwachen einschließt.

(2) Geschlechtsspezifische Wirkungen: Schülerinnen scheinen mehr als Schüler das Compassion-Projekt im Sinne einer Moral der Fürsorge zu verstehen. Vermutlich ist dieser Unterschied mit unterschiedlichen Rollenerwartungen zu erklären, denen Jungen wie Mädchen trotz gleicher Sozialisationserfahrungen entsprechen.

(3) Milieuspezifische Effekte: Kirchlich gebundene Jugendliche sind sozial integrierte Jugendliche. Soziale Integration begünstigt die Ausbildung altruistischer Haltungen. Das Compassion-Projekt unterstützt Jugendliche mit diesem Hintergrund.

(4) Gleichzeitigkeit egozentrischer und altruistischer Werte: Eigeninteresse und Altruismus schließen sich nicht aus. Viele Menschen helfen, weil sie es als persönliche Bereicherung betrachten. Daraus folgt: In dem Maße, wie die Schülerinnen und Schüler das Praktikum für sich als persönlichen Gewinn betrachten, verstärkt sich ihre Handlungsbereitschaft im Sozialen.

(5) Lernchancen des Praktikums: Compassion öffnet die Schule auf Lebenswelten, die in den Schulen real nicht vorkommen: die Welt der kleinen Kinder, der Behinderten, der alten Menschen, von Kranken und Flüchtlingen. *Compassion* öffnet die Schule auf jene sozialen Kontexte hin, in denen die Dringlichkeit sozial verpflichteter Haltungen diesen Menschen gegenüber zu erfahren und zu verstehen ist.

(6) Bedeutung der Integration von Praktikum und Unterricht: Das Sozialpraktikum fördert in Verbindung mit Unterricht Handlungsbereitschaft im Sozialen, wenn es gelingt, Schülerinnen und Schüler in unmittelbare Erfahrungen und Interaktionen zwischen Helfer und Adressaten zu verwickeln. Empathie und Kooperation, mit anderen Worten: Mitmenschlichkeit, erwachsen aus solchen Interaktionen. Sie werden im Gedächtnis behalten, wenn der Unterricht darauf immer wieder eingeht. Und sie werden verblassen, wenn das nicht geschieht.

(7) Keine schulartspezifischen Wirkungen: Der Schultyp dürfte als Variable keine Rolle spielen. Hier wie dort haben wir es mit Jugendlichen der gleichen Generation zu tun. Schulartspezifische Wirkungen sind nicht zu erwarten."[7]

Zur Gewinnung von Daten bauten wir drei Messpunkte auf: eine Befragung der Schülerinnen und Schüler zu Beginn des Schuljahrs, eine jeweils unmittelbar nach dem Praktikum und eine am Ende des Schuljahrs. Wir fragten im ersten Durchgang, welches Selbstbild und welche Wertorientierungen und Einstellungen allgemein, zum Praktikum und zur Schule vorhanden sind. Die Befragung unmittelbar nach dem Praktikum maß vorab das Selbstbild und mögliche Veränderungen in der Wertreflexion, näherhin ging es darum, zu sehen, wie die Schülerinnen ihre Erfahrungen im Sozialen reflektieren und selbst bewerten und in ihre Selbstbewertung, ihr Selbstbild einfügen. Die dritte Befragung stellte die gleichen Fragen noch ein Mal aus einer zeitlichen Distanz und sollte vor allem erkunden, wie die unterrichtliche Begleitung von den Schülerinnen und Schülern wahrgenommen wurde und wie Unterricht in Verbindung mit dem Praktikum gewirkt hat.

Für die Befragung wählten wir eine Mischung aus quantitativen und qualitativen Verfahren. Jeder Befragung lag ein Fragebogen mit einer Auswahl standardisierter Antwortmöglichkeiten zugrunde. In die Fragebögen waren auch offene Antwortmöglichkeiten eingebaut. Darüber hinaus wurden die Schülerinnen und Schüler bei der zweiten Befragung, die immer im unmittelbaren Anschluss an das Praktikum stattfand, interviewt. Leitfaden der Interviews war der zweite Fragebogen, den die Schüler vor dem Interview ausgefüllt hatten.

Die Fragebögen basieren auf analogen Fragen aus der Forschungsliteratur zu Selbstkonzept und Wertorientierungen Jugendlicher, auf Erfahrungen, die wir bei der Lektüre von Schülerberichten aus den Praktika sammeln konnten, und auf informellen Gruppengesprächen mit Schülerinnen und Schülern, die schon an Compassion-Projekten teilgenommen hatten. In diesen Gesprächen legten wir den Schülern unter anderem auch erste Entwürfe unserer Fragebögen vor, um Rückmeldungen und Reaktionen zu testen. Die Fragebögen wurden nach dem Testlauf im Schuljahr 1996/97 für die Befragung im folgenden Schuljahr leicht modifiziert.

Wir waren uns bewusst, dass wir die subjektive Compassion-Theorie der Schüler und ihre Sicht des Projekts zu erfassen begannen. Was wir erfahren haben, wenn unsere Annahmen stimmen, ist die Perspektive der Jugendlichen und der Blick auf Unterricht, Praktikum, Lehrer und Eltern, gefiltert durch die Emotionen und Perspektiven der Jugendlichen und jungen Erwachsenen. Wir haben keine Elternbefragung durchführen können. Aber wir haben am Ende des Schuljahrs eine zu Beginn des Schuljahrs an den einzelnen Schulen angekündigte Befragung der Lehrer durchgeführt. Diese Eingrenzung schien uns gerechtfertigt, da Compassion ein schulisches Projekt und eine aus der Schule heraus wirkende Initiative ist.

Die Auswahl unter den Projektschulen erfolgte nach folgenden Gesichtspunkten:

1. Schulform: Es sollten möglichst alle Schulformen der Sekundarstufe vertreten sein. Von der gymnasialen Genese des Projekts her zu verstehen, haben wir ein gewisses Übergewicht des gymnasialen Bereichs zu verzeichnen. Fünf der insgesamt neun in die Untersuchung einbezogenen Schulen waren allgemein bildende Gymnasien. Die anderen Schulen waren je ein Wirtschaftsgymnasium, eine Realschule, eine Hauptschule und eine Förderschule.

Diese Verteilung bedingte auch schultypspezifische Klassen und Altersgruppen. Während die Gymnasien das Projekt in den elften Klassen durchführen, lassen die Förderschule und die Hauptschule das Projekt in der neunten Klasse laufen. In der Realschule findet Compassion in der 7. Klasse statt. In einem Gymnasium wurde das Praktikum am Ende der 12. Klasse durchgeführt.

2. Regionales Umfeld: Drei der untersuchten Schulen liegen in städtischen Ballungsräumen mit über 250.000 Einwohnern. Zwei Schulen haben ein Umfeld mit etwas über 100.000 Bewohnern. Vier Schulen liegen im kleinstädtisch-ländlichen Raum.

3. Trägerschaft: Wieder von der Genese des Projekts her zu verstehen, überwiegen unter den untersuchten Schulen in evangelischer oder katholischer Trägerschaft. Nur drei von den insgesamt neun untersuchten Schulen sind in öffentlich-staatlicher Trägerschaft.

4. Dauer des Praktikums: Eine Schule führt ein vierwöchiges Praktikum durch, sechs Schulen ein zweiwöchiges. Eine Schule stellt für das Praktikum nur eine Schulwoche zur Verfügung. Eine Schule splittet den praktischen Teil in eintägige Praktika ein Schulhalbjahr hindurch.

5. Zeitpunkt der Durchführung des Praktikums: Zwei Schulen haben das Praktikum an den Beginn des Schuljahres gelegt. Bei sechs Schulen gehen die Schülerinnen und Schüler in der Mitte des Schuljahres in das Praktikum. Eine Schule hat den praktischen Teil des Projekts vor die Sommerferien gelegt.

6. Zeitpunkt der Einführung des Projekts: Drei Schulen haben im Schuljahr 94/95 mit dem Projekt begonnen, eine Schule im Schuljahr 95/96, zwei Schulen im Schuljahr 96/97. Bei den anderen Schulen untersuchte die wissenschaftliche Begleitung das Jahr der Einführung des Projekts im Schuljahr 1997/98.

7. Kontrollfunktion: Die Kontrollgruppen rekrutieren sich aus drei Schulen ohne Compassion-Projekt. Wir können zwei Mädchengymnasien in kirchlicher Trägerschaft und in städtischen Ballungsräumen gelegen miteinander vergleichen. Und wir können zwei staatliche Hauptschulen im städtischen Ballungsraum vergleichen. Hinter diesen Vergleichen steckt die Frage, ob die an den Compassionschulen feststellbaren Effekte möglicherweise noch von ganz anderen Faktoren abhängen. Es könnte zum Beispiel sein, dass sich bestimmte Formen sozialverpflichteter Haltungen und entsprechender Handlungsbereitschaften mit der allgemeinen sozialmoralischen Entwicklung im Jugendalter oder

durch entsprechenden Unterricht über Fragen des Lebens, des Sinns, der ethischen Probleme der Gegenwart, der sozialen Systeme usw. mehr oder weniger auch so ergeben und auch ohne die Realerfahrungen in den Praktika angeregt werden. Sollte dies in gleichem Maße an den Kontrollschulen der Fall sein wie an den Compassionschulen, dann bräuchte es kein Compassion-Praktikum. Sollten sich Unterschiede zeigen, wäre dies ein weiterer Hinweis auf die unverwechselbaren Lernchancen des Projekts.

3. Aus den Ergebnissen[8]

3.1 Wovon der Erfolg des Projekts anhängt

Am Ende unseres Untersuchungsberichtes haben wir uns die Frage vorgelegt, woran sich denn nun der Erfolg des Compassion-Projekts an den Schulen bemessen lässt und wovon dieser Erfolg abhängt. Die Antwort auf diese Frage ist schwierig, weil das Compassion-Projekt viel erreichen will. Compassion will Dispositionen zu Solidarität und Kooperationsbereitschaft, Prosozialität, Altruismus, Zuwendung und Wohlwollen, biblisch: Erbarmen und Barmherzigkeit stärken. Es will Haltungen fördern, die grundsätzlich durch kein Gesetz einklagbar sind und ohne die eine Gesellschaft doch nicht auskommt. Es will gesellschaftlichen Mängeln vorbeugen und kann als eine schulische Veranstaltung die Gesellschaft doch nicht von Entwicklungen, zum Beispiel der Entsolidarisierung, abhalten, die in der Gesellschaft, nicht der Schule ihre Ursachen haben. Die Autoren der Compassion-Initiative wissen, dass die Schule keine Reparaturwerkstatt der Gesellschaft ist und deshalb schulische Initiativen nur eine begrenzte Reichweite haben. Aber sie verweisen auch darauf, dass die Schule wie keine andere gesellschaftliche Einrichtung die Jugendlichen über viele Jahre hinweg erreicht und mit den Sinn hat, auf das Leben in dieser Gesellschaft vorzubereiten, und insofern sei die Schule mit für das verantwortlich, was die jungen Menschen für das Leben in dieser Gesellschaft lernen und im Rahmen der Schule erproben. Diese Betonung des schulischen Charakters des Projekts ist wichtig. Sie erinnert daran, wofür die Schule verantwortlich ist und Lehrerinnen und Lehrer Verantwortung tragen. Die Schule kann nicht die Probleme der Gesellschaft lösen, aber sie kann zeigen, wie man diese Probleme reflektiert und welche Lösungsansätze es gibt und welche Folgen diese Lösungen zeitigen. Die Frage nach dem Erfolg des Compassion-

Projekts an den Schulen muss von dieser Grenzziehung ausgehen. Die Schule, sagen wir, kann nicht alles. Der Unterricht in der Schule hat seine institutionell begrenzte Reichweite. Wird sie ignoriert, dann ist der Einwand, ob das Compassion-Projekt möglicherweise zu viel erreichen will, relativ leicht.

Dann könnte die Liste der genannten sozialmoralischen Optionen gerade der Ausgangspunkt der Kritik des Compassion-Projekts werden. Und dies ist natürlich leicht möglich, wenn man nachweisen wollte, was das Projekt alles nicht kann. Es kann Schüler nicht zu einem anderen Leben mit Menschen konditionieren. Das soll das Projekt – das sei hier gleich angefügt – auch gar nicht wollen. Denn ethisches Handeln beruht auf Freiheit und Einsicht in das sittlich Richtige. Solidarität lässt sich unter Zwang vielleicht äußerlich erzwingen, sie wird jedoch in dem Moment aufhören, in dem der Zwang wegfällt.

Unter dem Vorzeichen dieser Annahmen fragen wir nun, wovon die besondere Ansprechbarkeit der Jugendlichen und damit der Erfolg des Compassion-Projekts an den Schulen abhängt. Diese Ansprechbarkeit hängt ab

- vom Selbstbild und von der sozialen Perspektive der Jugendlichen;
- vom Grad ihrer sozialen Integration;
- von der Elternbeziehung und der Einschätzung des Projekts durch die Eltern;
- von geschlechtsspezifischen Sozialisationserfahrungen;
- vom Unterricht und den Lehrerinnen und Lehrern.

Wir betrachten im Folgenden diese Faktoren in den Kontexten, in denen wir sie beobachtet haben: Die Motivation unter Schülerinnen und Schülern für Compassion; Unterschiede zwischen Mädchen und Jungen; ähnliche Unterschiede zwischen kirchlichen und kirchendistanzierten Jugendlichen; Probleme des Unterrichts.

3.2 Die Lust zu helfen

Die von uns befragten Schülerinnen und Schüler repräsentieren weithin den heute anzutreffenden ethischen Mischtypus, der egozentrische wie altruistische Handlungsmotive problemlos zu verbinden weiß und von dem wir in der neueren soziologischen Literatur lesen. Diese Menschen helfen, wenn es darauf ankommt, aber nicht aus einem religiösen oder ideologischen Opfermotiv heraus, sondern weil es ihnen „Spaß" macht, weil sie es für sich als lohnend und als Bereicherung empfinden. Und sie helfen unter der Bedingung, dass das

Engagement für sie zeitlich begrenzt und überschaubar bleibt.[9] Der Soziologe Ulrich Beck hat angesichts dieser Tatsache und weil das eigene Leben zwangsläufig immer auch ein Leben mit anderen ist, die Erwartung formuliert, dass schließlich auch in Zeiten einer egozentrischen Kultur, wie wir sie vermutlich haben, so etwas wie ein solidarischer Individualismus entstehen könnte, eine adhoc und zeitlich begrenzte, von mir gewählte und geleistete Solidarität mit den anderen, an deren Stelle genauso auch ich stehen könnte. An diesem Optimismus sind nach unseren Daten allerdings Zweifel angebracht.

Den von uns befragten Schülerinnen und Schülern ist das Mitmachen in Kirche, Politik, Vereinen – das entspricht auch der SPIEGEL-Umfrage „Jugend 99"[10] – ziemlich „unwichtig", aber auch das Mitmachen im „Umweltschutz" – in der SPIEGEL-Umfrage ganz oben in der Rangskala – ist ihnen „unwichtig". Dagegen ist den Schülerinnen und Schülern wichtig: „verstanden zu werden", „Spaß zu haben", „das Leben zu genießen", Freunde und Familie. In einer mittleren Rangskala folgen die Prosozialität fordernden Optionen wie „sich für andere, d. h. außerhalb von Familie und Freundeskreis, einsetzen" und „für andere da sein".

Tabelle zu den Wertorientierungen der Projektschüler am Anfang des Schuljahres
Frage: Jeder Mensch hat bestimmte Vorstellungen, wie sein Leben aussehen soll. Deshalb sind für jeden auch bestimmte Dinge wichtiger, andere sind weniger wichtig.
Wie wichtig ist das, was jetzt folgt, für dich? (Skala von 1 = „sehr wichtig" bis 4 = „unwichtig")

Parameter	Wertungen
1. verstanden zu werden	1,31
2. eine richtige Familie zu haben	1,32
3. das Leben zu genießen	1,35
4. Spaß zu haben	1,37
5. mich für Menschen, die mir nahe stehen, also Familie oder Freunde einzusetzen	1,38
6. so zu leben, wie ich bin	1,38
7. für Menschen, die mir nahe stehen, also Familie oder Freunde da zu sein	1,38
8. einen guten Beruf zu haben	1,14
9. viele Freunde zu haben	1,44
10. mit Menschen zu reden	1,52
11. einen Sinn im Leben zu finden	1,6

12. Geld zu verdienen	1,79
13. mich für andere Menschen einzusetzen	1,96
14. für andere Menschen da zu sein	1,97
15. in einem Verein mitzumachen	2,37
16. beim Umweltschutz mitzumachen	2,39
17. etwas in der Politik zu verändern	2,76
18. in der Kirche/religiöse Gemeinschaft mitzumachen	3,13

Die Praktika stoßen bei den Schülerinnen und Schülern im Allgemeinen zunächst weder auf große Begeisterung noch auf vehemente Ablehnung. Man wäre selbst wohl nicht darauf gekommen, diese Praxiserfahrungen von sich aus zu suchen, aber man verweigert sich diesem Ansinnen auch nicht. In unserem Abschlussbericht sprachen wir von „wohlwollender Unentschiedenheit". Aus ihr wird am Ende des Schuljahres ein wohlwollendes Urteil. Rund 80 % der Schülerinnen und Schüler beurteilen das Praktikum und den begleitenden Unterricht als „eine gute und wichtige Erfahrung" und meinen: „Das sollte jeder mal machen". 41 % sagen, sie hätten in diesem Schuljahr „etwas Wichtiges geleistet". Die Hälfte der Befragten hatte das Gefühl „gebraucht zu werden". Ein Viertel der Befragten fasst eine Fortsetzung des Praktikums ins Auge, zwei Drittel hat „keine Zeit", will „Bezahlung" oder hat „genug davon". 5 % arbeiten bereits an ihrem Einsatzort weiter. Die Zahl derer, die sich zu Beginn des Schuljahres keine Form sozialen Engagements für sich vorstellen konnte, sei es freiwillig oder bezahlt oder ein soziales Pflichtjahr, sinkt nach dem Praktikum bis zum Schuljahrsende um rund 20 %. Aber es bleibt unter den Schülerinnen und Schülern nicht bei naiv individualistischen Helferwünschen, wie man sofort unterstellen könnte. Die Zahl derer, die von Staat, Kirchen und Gewerkschaften mehr Engagement erwarten, steigt vom Schuljahrsbeginn bis zum Schuljahrsende im Blick auf den Staat von 36 % auf 47 %, die Kirchen von 19 % auf 32 % und die Gewerkschaften von 6 % auf 13 %.

3.3 Fürsorge – ein Fall für Mädchen und Frauen?

Der Vergleich der Motivlagen und Erwartungen an das Projekt zum Schuljahrsbeginn zeigt zwischen Jungen und Mädchen entscheidende Nuancen.

Die Mädchen erwarten und versprechen sich signifikant einen größeren Zuwachs an Einsichten und neuen Erfahrungen als die Jungen. Die Jungen bilden unter der Zahl der Schülerinnen und Schüler,

Motivlagen am Anfang des Schuljahres
„Wenn Du an das Praxis- und Unterrichtsprojekt denkst, was ist Dir dabei wichtig?
Dass ich ...“
Skala von 0 = unwichtig bis 9 = sehr wichtig)

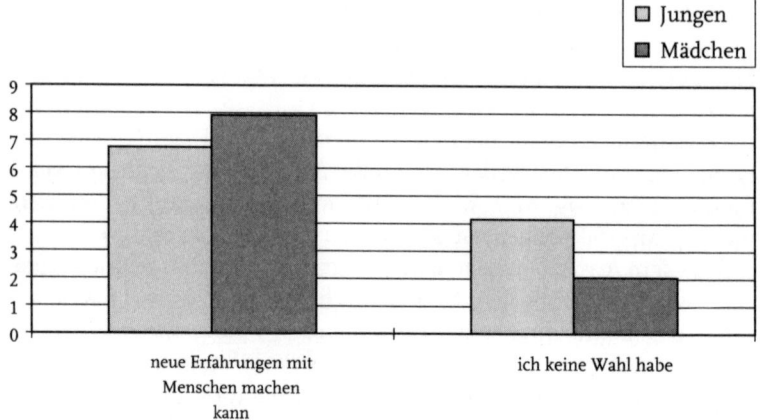

die eher Abneigung signalisierende Äußerungen von sich geben, die Mehrheit.

Mädchen bringen auch deutlich mehr Vorerfahrungen durch „freiwillige, unbezahlte Einsätze für andere Menschen" mit. Nicht zuletzt deshalb empfinden die männlichen Schüler den praktischen Teil des Projekts deutlich stärker als Zwang: Auf einer Skala von 0 (überhaupt nicht) bis 9 (sehr stark) bewerten die Schülerinnen die Tatsache hinsichtlich des Praktikums keine Wahl zu haben, insgesamt nur mit 2. Bei den Schülern liegt dieser Wert mehr als doppelt so hoch.

Schüler nehmen aus ihrem Umfeld offenbar weniger positive Rückmeldungen auf. Während bei den Mädchen 54% angeben, andere Gleichaltrige würden das Projekt befürworten, äußern die Jungen dies nur zu einem Drittel. Für die Wahl ihres Praktikumsbereichs erkennen nur 49% die Unterstützung ihrer Eltern, bei den Mädchen sind es 70%.

In der tatsächlichen Verteilung auf die verschiedenen Einsatzbereiche gab es unter den Geschlechtern allerdings keine nennenswerten Unterschiede. Und nach dem Praktikum geben alle gleichermaßen (70%) an, intensiven Umgang mit Menschen und auch Spaß gehabt zu haben.

Mädchen haben tendenziell andere Befürchtungen und Erwartungen als die Jungen. Sie erwarten eher auch eine berufliche Orientierung durch das Praktikum. Im Anschluss an die Praktika sprechen sie mehr als die Jungen von Gefühlen der Zuneigung, Freude und Spaß. Die Jungen befürchten mehr als die Mädchen, sich zu langweilen oder aus dem Praktikum für sich selbst nichts herausziehen zu können, das für sie selbst von Bedeutung ist. Am Ende des Schuljahres haben sich die Werte der Erwartungen und Befürchtungen angeglichen. Die Jungen revidieren ihre Befürchtungen. Die Mädchen sehen sich in ihren Erwartungen bestätigt. Ein Unterschied freilich bleibt. Mädchen sprechen überraschend öfters von Vorbildwirkungen als die Jungen.

Das kann man verschieden interpretieren. Greifen wir auf unsere Hypothesen zurück, dann kann man in dieser insgesamt größeren Zustimmung der Mädchen einen Beleg für die von Carol Gilligan vorgetragene These von der weiblichen Moral sehen, derzufolge Mädchen eher fürsorglich handeln und dann auch in entsprechenden Berufen arbeiten, während Jungen angeleitet würden, sich eher abzugrenzen und weniger altruistisch zu denken. Man kann Gilligan folgend auch eine größere Achtsamkeit von Mädchen und Frauen für Beziehungen, für Zuwendung und Hingabe in menschlichen Beziehungen vermuten. Eine weitere These wäre, dass wir in unserem Ergebnis Sozialisationseffekte gemessen haben. Es könnte sein, dass Mädchen trotz gleicher Ausbildungschancen und für Jungen wie Mädchen gleicher (oder offensichtlich doch nicht gleicher?) Erziehungsmaximen in Schulen und Familien unterschiedlichen Rollenerwartungen unterliegen und Mädchen wie Jungen diese rollenspezifischen Moralkonzepte nach wie vor realisieren. Man könnte auch das biologische Argument bemühen, wonach Mädchen und Jungen sich unterschiedlich schnell entwickeln. Das wäre allerdings gegen unsere Annahme gerichtet, dass moralische Entwicklung und das Verständnis moralischer Sachverhalte kognitiv ist und unabhängig von der biologischen Reifung. Man könnte weiter fragen, ob die von uns befragten Schülerinnen einfach zufällig stärker sozial integriert sind und von daher ihre tendenziell größere altruistische Haltung und Neugier zu erklären wäre. Dann müsste man aber wiederum fragen, warum Mädchen eher sozial integrierte Jugendliche seien. Jungen wie Mädchen sind integriert, nur mit einem feinen Unterschied: Bei der Frage, in welchem Bereich sie Verantwortung für andere Menschen übernehmen, gaben die Mädchen häufiger Familie und Freundeskreis, also soziale Innenbereiche, an. Die Jungen dagegen zeigten sich in Vereinen und Schule aktiver.

Die Lösung scheint uns tatsächlich in die Richtung zu gehen, dass Mädchen im Compassion-Projekt die Chance haben, Haltungen zur

Geltung zu bringen, die als Ausdruck weiblicher Moral gelten und von ihnen selbstverständlicher genommen werden als das die Jungen von herrschenden Männerbildern her zeigen können. Das heißt nicht, dass Jungen nicht in gleichem Maße fürsorglich und anderen zugewandt sein könnten. Das Gegenteil ist der Fall. Ein erheblicher Teil der Jungen baut in den Praktika zuvor geäußerte aversive Haltungen ab und findet den Kontakt mit Kindern, alten Menschen, behinderten Menschen ausgesprochen belebend. Diese Beobachtung spricht unseres Erachtens dafür, dass im Compassion-Projekt geschlechtsspezifisch unterschiedliche Sozialisationsvoraussetzungen wirksam sind, die den Erfolg des Projekts, gemessen am Zuspruch durch die Schülerinnen und Schüler, eher stützen, aber in einer mitunter vielleicht auch ambivalenten Weise. Es könnte sein, dass Mädchen sich von den Anforderungen des Projekts eher in Druck bringen lassen als Jungen. Diese Vermutung wäre jedoch in kritischer Auseinandersetzung mit der Geschlechter(Gender)debatte innerhalb der Pädagogik weiter zu untersuchen.

3.4 Sind kirchliche Jugendliche altruistischer?

Informiert durch die Literatur haben wir auf die kirchlichen Jugendlichen besonders geachtet. Der Tenor lautet, dass kirchliche Jugendliche eher altruistische Haltungen und Handlungsbereitschaften zeigten als andere.

Gerhard Schmidtchen legt folgende Zahlen vor:

Tabelle: Kirchliche Bindung und altruistische Orientierung

	Kirchenbesuch	
	(fast) jeden Sonntag	selten/nie
ausgeprägte altruistische Orientierung		
Protestanten	71%	29%
Katholiken	55%	33%

Altruismus und Selbstbezogenheit bei kirchlich und nicht kirchlich gebundenen Jugendlichen

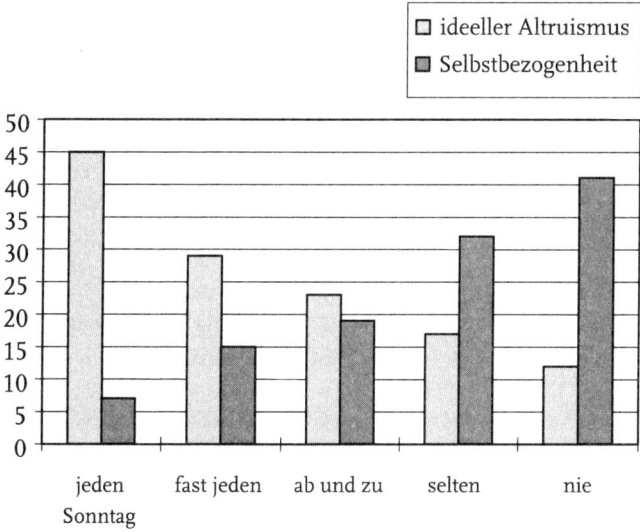

Anmerkung: Die Abbildung enthält keine Prozentwerte, sondern Zahlen.

In den von uns begleiteten Schulen ging fast die Hälfte der kirchlichen Jugendlichen in Einrichtungen für behinderte oder alte Menschen, obwohl diese Einrichtungen zu Beginn des Schuljahres nicht ihre erste Option darstellte. Aber man muss festhalten, dass diese Option von der Gruppe der kirchendistanzierten Schüler gar nicht erst angegeben wurde. Die kirchlichen Jugendlichen haben sich der Herausforderung als ‚schwierig' geltender Einsatzbereiche eher gestellt als andere. Schüler mit dieser Verhaltensbereitschaft sind unter kirchlichen Jugendlichen in der Tat häufiger zu finden als unter kirchlich distanzierten Jugendlichen, wie ein Vergleich mit den Kontrollschulen zeigt. Und diese Schüler finden sich auch wieder etwas häufiger an Schulen in kirchlicher Trägerschaft. Die sozialisierende Kraft der kirchlichen Milieus und ihr Einfluss auf die Ausbildung altruistischer Haltungen scheint unverkennbar. Dieser Befund stimmt wiederum mit dem von Schmidtchen vorgelegten Datenmaterial überein, welches Schmidtchen in seiner Arbeit zur Jugendmoral zu der These veranlasst hat: „Ohne die kirchliche Kultur würden altruistische Orientierungen in der Gesellschaft zurückgehen. Die säkulare Gesellschaft erzeugt jene Verhaltensorientierungen nicht, die sie dringend braucht."[11]

Das Compassion-Projekt würde, wenn diese Überlegungen von Schmidtchen stimmen, also kirchlich gebundene Jugendliche in ihrer Wertorientierung besonders stützen. Die Frage, ob das Projekt dann anders orientierte Jugendliche erreicht, bliebe fraglich.

Möglicherweise sind die Daten von Schmidtchen aber auch anders interpretierbar. Kirchlich gebundene Jugendliche sind nach unseren Daten sozial integrierte Jugendliche und werden von ihren Eltern zu sozialem Handeln ermutigt. 94 % der von uns identifizierten kirchlichen Jugendlichen fühlen sich von ihren Eltern „sehr positiv" oder „positiv" unterstützt. Die kirchendistanzierten sagen das nur zu 74 %. Und wiederum erleben die kirchlichen Jugendlichen eindeutig mehr in ihrem sozialen Umfeld, wie sich Erwachsene sozial engagieren.

Wertorientierungen des erwachsenen Umfeldes (alle Projektschüler in %)
„Welche Punkte sind den Erwachsenen in Deiner Umgebung wichtig?"

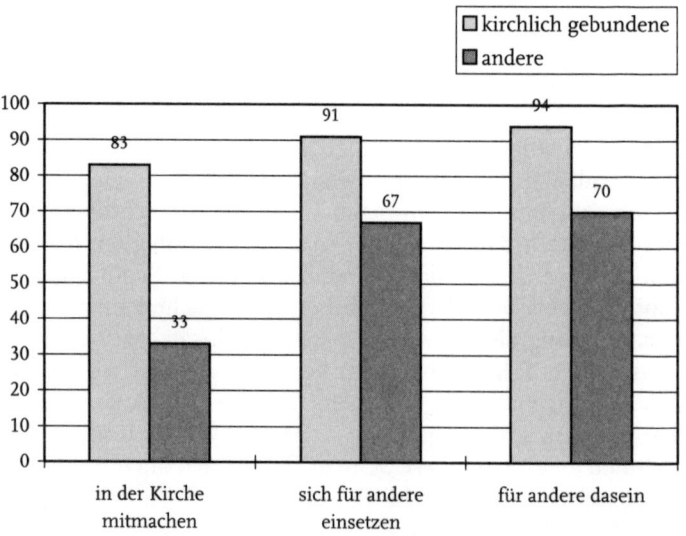

Wir wollen diese Modellwirkungen nicht wegreden. Aber es scheint, dass soziale Integration Haltungen begünstigt, die der Gruppe und darüber hinaus auch wieder anderen zugute kommen können. Altruistische Verhaltensbereitschaften liegen ja auch im Interesse dessen, der am Erhalt der Gruppe interessiert ist. Altruismus schließt also selbstbezogene Motive nicht aus. Und deshalb gilt für die kirch-

136

lich integrierten Jugendlichen vermutlich, was die englische Soziologin Helen Wilkinson allgemein über den schon zitierten neuen Sozialisationstypus geschrieben hat: „Viele engagieren sich als Helfer nicht aus einem religiösen Antrieb heraus, sondern weil sie es lohnend und erfreulich finden und als persönliche Bereicherung betrachten."[12]

3.5 Was Unterricht bewirkt

67 % der Schülerinnen und Schüler erwarten eine unterrichtliche Begleitung des Praktikums, allerdings sollte diese, wie ein Schüler wohl für viele sprechend formuliert hat, nur „in den Fächern [stattfinden], in denen sich die Lehrer für die Schüler interessieren". In den Augen der Schüler ist nicht das Fach, sondern sind die Lehrer entscheidend. Generell führt das Compassion-Projekt zu einer kritischeren Sicht der Schule und ihres Beitrags zum Wissen um die Welt. In Klassen, in denen in fünf und mehr Fächern Unterricht zu Compassion gemacht wurde, wird die Lebensrelevanz des schulischen Unterrichts signifikant mehr erlebt. Die Einschätzung der Schüler, was Unterricht zum Wissen über die Welt und Wissen und Nachdenken über mich selbst beiträgt, verändert sich signifikant.

Veränderungen in der Einschätzung von Unterricht:
„Was trägt der schulischen Unterricht bei zum ...?"
(Schüler der 9 Klassen mit Compassionsunterricht in 5 bis 7 Fächern;
Skala von 0 = nichts bis 9 = sehr viel)

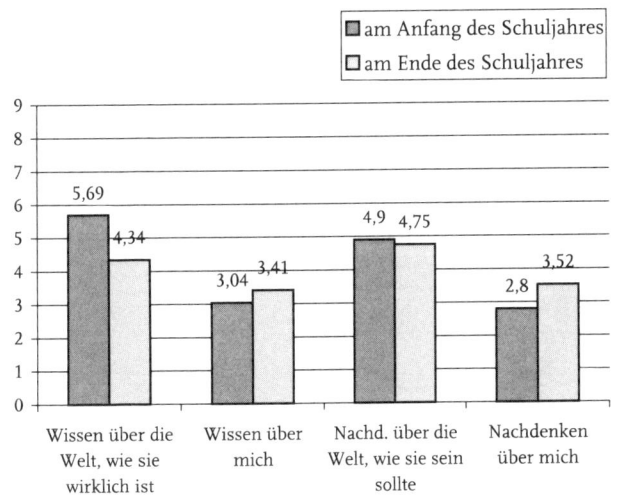

Das Compassion-Projekt gibt den Schülerinnen und Schülern zu denken. Die Welt ist anders als sie dachten, die Schule ist weniger, als sie meinten, die Fragen des Lebens sind bei mir und nicht bei den Sachen. Das Wissen über die Welt ist Sache der Schule, aber da gibt es Dinge, die die Schule nicht vermittelt. Das Wissen und Nachdenken über mich ist etwas, was die Schule weniger vermittelt, denken die Schülerinnen und Schüler zu Beginn des Schuljahrs. Am Ende des Schuljahrs dreht sich der Trend dieser Rangskala in jenen Klassen um, in denen viel (das heißt: in fünf und mehr Fächern) Unterricht zum Projekt stattfand. Die Zahl derer, die sagen, dass der Unterricht etwas zum Nachdenken über mich beiträgt, steigt um 26 %. In Klassen mit wenig Compassionunterricht erhöht sich dieser Wert um 17 %. In Klassen mit viel Compassionunterricht beurteilen es am Ende des Schuljahrs die Schüler um 12 % stärker, dass Unterricht etwas zum Wissen über mich beiträgt. In Klassen mit wenig Unterricht zum Thema ergibt sich bei diesem Parameter keine Veränderung zwischen Schuljahrsbeginn und Schuljahrsende. Eine Einschränkung müssen wir bei diesen Zahlen freilich machen. Wir haben zur Differenzierung der Gruppen rein quantitativ nach der Häufigkeit von praktikumsbegleitendem Unterricht gefragt. Über die Qualität dieses Unterrichts konnten wir nichts erfragen. Doch woran wäre diese Qualität zu messen? Wir lassen diese Frage hier offen. Aus der Gedächtnisforschung schon ist aber bekannt, dass Eindrücke und Erlebnisse, die immer wieder im Gespräch aufgegriffen und wiederholt werden, länger im Gedächtnis bleiben als Vorkommnisse, über die man nicht mehr gesprochen hat.

Was aber von den Praktikumserfahrungen, Erlebnissen, Eindrücken, erfreulichen und belastenden, mitunter leidvollen Situationen und unterrichtlichen Reflexionen wirklich dauerhaft im Gedächtnis geblieben ist, werden wir erst wissen, wenn Anschlussuntersuchungen in Gang kommen und die jetzt von den Schulen abgehenden ersten Jahrgänge mit Compassion-Erfahrung noch ein Mal Auskunft geben.

Anmerkungen

[1] A. Weisbrod/F. Kuhn/F. Hirsch, Compassion – Ein Praxis- und Unterrichtsprojekt sozialen Lernens: Menschsein für andere, in: Engagement. Zeitschrift für Erziehung und Schule 1994, H. 2–3, 268–307. Als Sonderdruck zu beziehen über Zentralstelle Bildung der Deutschen Bischofskonferenz, Kaiserstr. 163, 53113 Bonn.

[2] Der Modellversuch und die wissenschaftliche Begleitung des COMPASSION-Projekts wurden vom Land Baden-Württemberg, der Schulstiftung der Erzdiözese Freiburg und dem Bundesministerium für Bildung, Wissenschaft, Forschung und Technologie im Rahmen der Förderung durch die Bund-Länder-Kommission für Bildungsplanung und Bildungsförderung finanziert. Der Abschlussbericht wurde Ende Januar 1999 vorgelegt und erscheint im Frühjahr 2000 im Kohlhammer-Verlag Stuttgart. Weiteres Datenmaterial und ausführliche Darstellung der wissenschaftlichen Begleitung siehe dort.

[3] D. Krebs, in: Jugend '97. Zukunftsperspektiven, gesellschaftliches Engagement, politische Orientierungen, Opladen 1997, 298 f. Vgl. ferner: Jugend '92. Lebenslagen, Orientierungen und Entwicklungsperspektiven im vereinigten Deutschland, hg. v. Jugendwerk der Deutschen Shell, Bd. 2, Opladen 1992, 35–48; H. A. Stiksrud, Diagnose und Bedeutung individueller Werthierarchien, Frankfurt 1976; G. Schulze, Die Erlebnisgesellschaft, Frankfurt [7]1997, 561 ff.

[4] Kuld/ Gönnheimer, Compassion. Sozialverpflichtetes Lernen und Handeln, Stuttgart 2000.

[5] Vgl. hierzu oben Kuld, Dimensionen der Compassion-Initiative.

[6] Wuthnow, R., Acts of Compassion: Caring for ourselves and helping Others, Princeton 1991. – Auszüge daraus in: Kinder der Freiheit, hg. v. U. Beck, Frankfurt 1997, 34–84.

[7] Kuld/ Gönnheimer, Compassion, Stuttgart 2000, 25 f.

[8] Die Ergebnisse sind in dem im Kohlhammer-Verlag publizierten Abschlussbericht ausführlich dokumentiert.

[9] H. Wilkinson, Kinder der Freiheit. Entsteht eine neue Ethik individueller und sozialer Verantwortung? In: Kinder der Freiheit, hg. v. U. Beck, Frankfurt 1997, 122

[10] Die jungen Milden, in: DER SPIEGEL 28 (12. Juli 1999) 94–108.

[11] Schmidtchen, Ethik und Protest, 224.

[12] Wilkinson, in: Kinder der Freiheit, 122.

Literatur

Die Compassion-Initiative. Ein Praxis- und Unterrichts-Projekt sozialen Lernens in der Schule. (Themaheft) – Forum 27/ 1999.

Die jungen Milden, in: DER SPIEGEL 28 (12. Juli 1999) 94–108.

Jugend '92. Lebenslagen, Orientierungen und Entwicklungsperspektiven im vereinigten Deutschland, hg. v. Jugendwerk der Deutschen Shell, Bd. 2, Opladen 1992.

Jugend '97. Zukunftsperspektiven, gesellschaftliches Engagement, politische Orientierungen, Opladen 1997.

Kinder der Freiheit, hg. v. U. Beck, Frankfurt 1997.

Kuld, L./ Gönnheimer, S., Das Compassion-Projekt als Profilierungsinstrument, in: Engagement. Zeitschrift für Erziehung und Schule 3/1998, 157–173.

Kuld, L./ Gönnheimer, S., Compassion. Sozialverpflichtetes Lernen und Handeln, Stuttgart 2000.

Schmidtchen, G., Ethik und Protest. Moralbilder und Wertkonflikte junger Menschen, 2 Bde., Opladen 1992.

Schulze, G., Die Erlebnisgesellschaft, Frankfurt ⁷1997.

Stiksrud, H. A., Diagnose und Bedeutung individueller Werthierarchien, Frankfurt 1976.

Weisbrod, A. /Kuhn, F./Hirsch, F., Compassion – Ein Praxis- und Unterrichtsprojekt sozialen Lernens: Menschsein für andere, in: Engagement. Zeitschrift für Erziehung und Schule 1994, H. 2–3, 268–307.

Wilkinson, H.,Kinder der Freiheit. Entsteht eine neue Ethik individueller und sozialer Verantwortung? In: Kinder der Freiheit, hg.v. U. Beck, Frankfurt 1997, 85–123.

Wuthnow, R., Acts of Compassion: Caring for ourselves and helping Others, Princeton 1991.

Erfahrungen und Anregungen

Praktikumsberichte

Schülerin in einem Altenheim

Die freundliche Stationsschwester gibt mir morgens das Frühstück für Frau G., die nur noch im Bett liegt und auch geistig nicht mehr ganz auf der Höhe ist. Sie ist aber meine Lieblingsbewohnerin, weil sie ab und zu ganz süß lächelt, auch an diesem Morgen. Ich komme bei ihr herein, sag' ihr „Guten Morgen" und streichel ihr Gesicht. Daraufhin lächelt sie mir mit strahlenden Augen entgegen und fragt ob ihre Bluse gewaschen wurde. Dabei zieht sie nur noch Nachthemden an. Frau G. war ein bisschen meine „Stammbewohnerin", ich hab' ihr fast immer das Essen gebracht. Ich hatte sie sehr lieb, weil sie so süß gelächelt hat und trotz immenser körperlicher Schwächung – mich mit ihrer starren, nach innen gekrümmten Hand gestreichelt hat. Herr Dr. R., der immer so lustig und humorvoll war, trotz seiner völligen Abhängigkeit hat mich besonders beeindruckt (er war fast blind und sehr hörgeschädigt). Herr Dr. R. war 102 Jahre alt, sehr süß, weil er sich 1000 mal bedankt hat für alles. Er hat auch gelacht und geweint, wenn er gerührt war. Dann war er wieder in einer völlig anderen Welt, redete zu seinen Familienmitgliedern, wie in Zeiten des Krieges. Frau H. hatte starke Schluckschwierigkeiten, hat fast immer nur „Ja!" gesagt. Eine 92-jährige war manchmal ziemlich motzig, aber gegen Ende sehr nett zu mir. Ich musste nicht sehr viel tun, ich hatte das Gefühl, die Stationsschwester hatte ein bisschen Mitleid mit mir nur, weil ich kein Geld bekam und wollte mich deshalb schonen. Ich hätte nie gedacht, dass ich einem alten Menschen so ohne zu zögern den Kot vom Hintern wischen kann. Es war ganz leicht. Ich hätte nie gedacht, dass wirklich *alle* Beschäftigten so nett zu mir sind und alle für sich irgendwie auf mich eingehen würden. Viele Pflegerinnen waren eher einfach. Aber gerade die waren besonders nett und lustig und geduldig. Über alte Menschen habe ich gelernt, dass sie oft eine tiefe Traurigkeit in sich verbergen, über alte Zeiten, über Versäumnisse in ihrem Leben, über Kriegszeiten, die sie aber sehr gut unter einer fröhlichen Fassade verstecken können. Ich habe über mich gelernt, dass ich einiges verkraften kann, ich hatte erwartet, dass ich erschüttert von der ganzen Atmosphäre bin, aber es war alles eher vertraut und gar nicht schlimm. Ich achte jetzt mehr auf die Bedürfnisse alter Menschen, bin mehr bereit zu helfen, stehe in der OEG (Bus) jetzt auf jeden Fall auf, wenn ein alter Mensch kommt, bin schärfer fixiert auf alte Menschen.

Schülerin in einem Altenheim

Ich habe zusammen mit der Astrid, einer alte Bewohnerin, gelacht, die nur ganz schlecht sprechen kann und fast nichts mehr alleine kann. Aber Astrid hat mir erzählt, dass sie unheimlich gern singt, und dann hab ich sie gefragt, ob ich was mit ihr singen soll. Wir haben Weihnachtslieder gesungen. Sie konnte noch alle Texte und war so glücklich, es war wirklich schön. Da hat man wieder gemerkt, dass sie mehr mitbekommt, als man denkt. Ich habe nicht erwartet, dass ich das alles so schaffe, ich dachte, ich habe mehr Hemmungen (vor allem beim Waschen), aber ich wurde sehr gut betreut und eingeführt, dass es mir nicht mehr so viel ausmachte. Die Menschen, die ich zu betreuen hatte, waren alle sehr alt und hilflos. Die meisten konnten fast nichts mehr alleine machen. Sie mussten fast rund um die Uhr versorgt werden. Auf meiner Station gab es 30 Personen, die gar nicht mehr aus dem Bett können, sondern den ganzen Tag nur daliegen. Die meisten mussten gefüttert, gewaschen, gewickelt, an- und ausgezogen usw. werden. Ich hatte zwei alte Damen, die eine schon 99, die noch die fittesten waren. Um die habe ich mich oft gekümmert. Und sie waren so lieb zu mir. Geistig sehr verwirrt, aber sie haben mir die ganze Zeit gesagt, wie lieb sie mich haben und dass sie so froh sind, dass ich da bin. Ich hab sie auch sehr lieb. Ich hätte vorher nie gedacht, dass ich alle so lieb gewinnen würde. Bei den Betreuern hat mich beeindruckt, dass das andere hauptberuflich machen, ich glaube, ich könnte das nicht, weil ich zu sehr abstumpfen würde und das will ich nicht. Ich hätte nie gedacht, dass sie den ganzen Tag so eine aufopfernde Arbeit machen. Ich habe gelernt, dass vor allem alte Menschen noch ein Anrecht darauf haben, versorgt und geliebt zu werden. Sie leben nämlich wieder in ein ‚Babystadium‘ zurück, wo sie auf andere angewiesen sind. Ich habe meine Grenzen in diesem speziellen Fall kennen gelernt und habe sogar Dinge gemacht, von denen ich glaubte, dass ich sie nicht könnte. Es war eine schöne, positive Erfahrung. Ich bin hilfsbereiter gegenüber alten

Menschen geworden, wenn man zwei Wochen sieht, wie sie in so einem Altenheim leben.

Schülerin im Krankenhaus

Ich musste 7.00 Uhr anfangen und bis 16.00 Uhr arbeiten. Die Arbeit war eigentlich jeden Tag die Gleiche. Es hat mir sehr viel Spaß gemacht. Ich musste Patienten mit Neurodermitis oder Schuppenflechten eincremen. Alle Patienten haben mich sofort akzeptiert. Das war ein supertolles Erlebnis, denn immerhin war ich ja nur Praktikantin! Ich hätte nicht gedacht, dass ich so viele Sachen machen darf wie z. B. Blutdruck oder Blutzucker messen. Darüber war ich echt erstaunt, aber die Stationsschwester meinte, wenn schon mal jemand wie ich da wäre, könnte man ihn auch einspannen. Sie war echt total nett und fragte auch immer vorher, ob ich mir das zutrauen würde. Ich hätte nie gedacht, dass die Krankenschwestern mich so herzlich aufnehmen und auf meine Probleme und Fragen eingehen, obwohl sie so viel um die Ohren haben. Ich hatte viel mit älteren Leuten zu tun, die waren alle so ab 60 Jahren. Es waren aber auch jüngere Menschen (unser jüngster Patient war ein Baby). Viele von den Patienten waren auch Ausländer, so dass es schwierig wurde, sie zu behandeln oder ihnen klar zu machen, was sie jetzt zu tun haben. Einmal fühlte ich mich ausgenützt. Da war eine Frau, etwa 70 Jahre alt, die war *geheilt!* Aber sie fand immer wieder etwas Neues, was sich der Chefarzt anschauen sollte. So blieb sie mehrere Tage länger und scheuchte das ganze Personal durchs Haus, da sie ja angeblich zu alt sei, aber spazieren gehen, das konnte sie doch noch ganz gut!!! Ein Mann hat mich besonders beeindruckt. Der war über und über mit Schuppenflechten bedeckt. Sah ganz schlimm aus und er wusste, das wohl auch. Aber trotz alledem hat er seinen Humor nicht verloren und hat mich oft zum Lachen gebracht. Das habe ich sehr bewundert. Ich weiß nicht, ob ich in seiner Situation genauso sein könnte. Ich hätte nie gedacht, dass die Krankenschwestern mich so herzlich aufnehmen und auf meine Probleme und Fragen eingehen, obwohl sie so viel um die Ohren haben. Ich habe gelernt, dass es solche und solche Menschen gibt und dass man jedem anders entgegentreten muss, um sein ‚Vertrauen‘ zu gewinnen. Das Praktikum hat mich stärker und erfahrener gemacht. Ich habe über mich selbst gelernt, dass ich mit fast allen Situationen fertig werden kann, wenn ich will und bereit bin, etwas dafür zu tun.

145

Schüler in der Bahnhofsmission

Ein Mann im Rollstuhl sollte von einem zum anderen Bahnsteig gebracht werden. Da man mit einem Rolli keine Rolltreppe fahren darf und keine Rampe vorhanden ist, musste ich den Mann im Rollstuhl schieben, was nicht so leicht war, wie ich dachte. Er war sehr dankbar, unterhielt sich mit mir, bis der Zug kam. Man konnte sehen, dass er froh war, Hilfe zu bekommen. Die Menschen, mit denen ich zu tun hatte, waren aus sehr unterschiedlichen Gruppen. Obdachlose, Alkohol- und Drogenabhängige, körperlich und geistig behinderte Menschen, alte Leute, Jugendliche; Kinder, die man zum Zug begleiten musste, da sie das Zugfahren gerade noch lernen. Es war insgesamt weniger anstrengend als erwartet, da das Praktikum in der Vorweihnachtszeit stattfand und so sehr wenig los war. Ich hatte erwartet, dass mehr Menschen sich melden um Geld, Essen, Hilfen ... zu bekommen. Besonders erinnere ich mich an einen Mann, der behauptete, seinen Geldbeutel geklaut bekommen zu haben, nur um Geld für Alkohol zu bekommen. Man sah dem Mann an, dass er log, er hatte ebenso eine Fahne. In solchen Fällen muss man sachlich bleiben, muss versuchen zu erklären. Es ist wichtig, Distanz zu wahren. Ich hätte nie gedacht, dass man einen Menschen glücklich machen kann, indem man ihm einen Kaffee ausschenkt oder einfach auf ihn eingeht. Sehr gut war, dass das Personal mir erklärte, was zu tun war, mich vorbereitet und mir gelegentlich half. Sie haben sich eingesetzt auch mit der Folge, dass es für einen selbst eine kritische Situation bringen kann. Zwischen ihnen bestand eine solche Harmonie und die Zusammenarbeit gelingt sehr gut. Manchmal muss man über seinen eigenen Schatten springen und auch ein Mal unangenehme Dinge ausführen. Ich setze mich jetzt eher mit Problemen auseinander und trete nicht gleich den Rückzug an.

Schülerin in einer Behinderteneinrichtung

Ich habe zwei kleinen Jungen dabei geholfen mit einem Handbohrer ein Loch in ein Brett zu bohren. Es war ganz schön schwer sie dazu zu bringen, auf ihre Finger aufzupassen und auch nicht gleich wegzurennen. Aber es war schön zu sehen, wie viel Spaß es ihnen gemacht hat und wie begeistert sie waren. Aber ich hatte es mir ungefähr so vorgestellt, wie es war. Es waren leicht bis schwer geistig oder körperlich behinderte Kinder oder Sonderschüler. Besonders hat mich die Lebensfreude von behinderten oder blinden Kindern, wie sie sich freuten, reiten zu dürfen, beeindruckt. Außerdem wie die Eltern von schwerstbehinderten Kindern mit dieser Behinderung umzugehen gelernt haben. Ich hätte nie gedacht, dass geistig behinderte Menschen so normal wirken und sind bzw. gar nicht in so einer anderen Welt zu leben scheinen, nur unsere anderes sehen. In meiner Einrichtung war es zum Glück nicht so, dass Erwachsene Kinder nicht ernst nehmen. Ich habe die Betreuer bewundert, wie sie mit den Menschen umgegangen sind – und den Pferden. Außerdem die Sensibilität der Pferde, die genau zu merken schienen, wie sie sich bei behinderten Kindern verhalten sollten – viel sensibler und vorsichtiger als bei ‚normalen' Menschen. Aber man muss aufpassen, dass man sich da nicht selbst ‚kaputtmacht'. In Gemeinschaftskunde erhielten wir eine allgemeine Einführung zum Praktikum – da aber richtig. Aber fast alle anderen Lehrer meinten sich da auch zu Wort melden zu müssen: „Die Sensibilität für den Nachbarn ist nicht mehr vorhanden." Blablabla – das werden Sie nicht verstehen, denn Sie kennen ja den Lehrer nicht.

Schüler in einer Lernstube für Schulkinder

Der Tagesablauf war fast immer :
13.00–13.30: ?
13.30–15.00: Hausaufgabenbetreuung
15.00–17.00: Fußball spielen
Ich hätte nicht gedacht, dass die Kinder doch nicht so ganz schlimm sind. Ich hatte es schlimmer erwartet. Es waren Kinder aus sozialen Brennpunkten. Sie werden nicht gefördert und haben wenig Chancen. Sie waren gewaltbereit, teilweise asozial, manche nett und freundlich, viele in der geistigen Entwicklung zurückgeblieben. Sie machen sich keine Gedanken über ihre Zukunft. Wenn jemand in einem falschen Umfeld aufwächst, hat er keine Chancen. Manche Kinder unterschieden sich total von der Masse der anderen Kinder, sie wurden aber trotzdem akzeptiert. Ich hatte mir bisher nicht vorgestellt, dass es Kinder gibt, die von ihrem Elternhaus so wenig Liebe und Unterstützung bekommen. Von den Betreuern wurde ich sofort akzeptiert und in den Arbeitsprozess eingebunden.

Schülerin in einem Kindergarten

Am ersten Praktikumstag wurde ich den Kiga-Kindern vorgestellt, entgegen meiner Erwartung gingen eigentlich alle sofort auf mich zu, haben mich akzeptiert bzw. aufgenommen und haben (bis auf wenige Ausnahmen) versucht, eine Beziehung zu mir aufzubauen! Obwohl sie teilweise wie eine Klette an mir hingen, war ich trotzdem eine Art Autoritätsperson und sie haben sich auch von mir etwas sagen lassen. Kleine Kinder gehen auf dich zu, fragen dich aus, halten sich an dir fest. Du fühlst dich geliebt, gebraucht, angenommen. Sie streiten sich um dich, wer heute neben dir bzw. auf deinem Schoß im Stuhlkreis sitzen darf. Ich bin eher schüchtern und die Kinder haben mich gleich gemocht und kamen zu mir. Ich habe Geborgenheit gefühlt. Diese ‚eine Familie‘, ich bin ich nicht gewohnt, dass sich so viele Leute um mich scheren, dass ich so gebraucht werde. Im Endeffekt habe ich die auch gebraucht. Es war die kindlich-naive Art, eine Art Urvertrauen, was ich da empfunden habe; ich hätte nie gedacht, dass sie so offen auf mich zugehen würden. Meine Erwartung war eher, dass sie mich einfach ignorieren oder sich sogar zu den Erzieherinnen flüchten und sich dort verstecken würden. Vor allem die jüngsten haben sehr an mir gehangen, den allerjüngsten werde ich heute sogar noch besuchen, ich werde zu den Kindern Kontakt halten ...

Die Erzieherinnen haben mich als vollwertige Person behandelt und nicht wie eine Schülerin, sie haben mich ernst genommen und mir etwas zugetraut. In meiner Gruppe war eine Erzieherin, die auch schon mein Bruder hatte (mein Bruder ist 13 Jahre). Mir gefällt die Art, wie sie mit den Kindern umgeht, sie lässt ihnen Freiräume, möchte, dass sie selbständig und kreativ arbeiten. Sie werden nicht in irgendein Programm gezwängt, wie es ab und zu in den anderen Gruppen ist. Außerdem hat sie das Selbstbewusstsein der Kinder, die zu schüchtern und passiv sind, gestärkt. Mich hat ihr Erziehungsstil beeindruckt. Über mich selbst habe ich gelernt, dass ich mehr Geduld übe, dass ich mir mehr zutrauen kann, dass ich selbständiger geworden bin.

Schüler in einem Altenheim

An diese Stelle bin ich gekommen, weil durch ein Missverständnis nichts anderes mehr frei war. Einmal fütterte ich eine alte Frau. Während ich ihr den Löffel in den Mund steckte, begann sie zu schlagen. Gott sei Dank traf sie nicht mich, sondern eine Pflegerin. Zum Teil waren die Menschen dort nicht mehr in der Lage, sich zu äußern oder sich selbständig fortzubewegen. Andere waren sehr freundlich und dankbar für das, was man für sie tat. Andere wiederum waren unverschämt, undankbar und fordernd. Einige versuchten, sich die Pfleger als Diener zu halten. Sie sollten eine Zeitung holen, und dann stellten sie fest, dass es die falsche war, und wir sollten noch mal gehen und die Richtige holen. Bei manchen hat mich die Lebensfreude trotz des hohen Alters und der Abhängigkeit von den Pflegern beeindruckt. Dennoch: Ich hätte nie gedacht, dass nahezu die gesamte Stationsbesprechung nur vom Stuhlgang der betreuten Menschen handelte. Von der Schule wurden wir dabei überhaupt nicht unterstützt. Es kam niemand vorbei. Meine Eltern fragten mich, wie es mir gefällt, aber ich wollte nicht groß etwas zu Hause erzählen. Über mich habe ich gelernt, dass ich später nie ins Altenheim kommen will. Ich möchte später als alter Mensch nicht ins Heim – vorher würde ich mich umbringen.

Schülerin in einer Sozialstation

Da die Mitarbeiter der Sozialstation die Einzigen sind, die die alten Menschen besuchen, wollen diese sie gar nicht mehr gehen lassen. Oft wollen sie uns auf Kaffee und Kuchen einladen oder uns eine Tafel Schokolade schenken. Ich wusste nicht, was man in einer Sozialstation so macht. Dort sind so viele Menschen zu betreuen. Mich hat die Willenskraft vieler Patienten beeindruckt, ihr Umgang mit der Krankheit, obwohl manche nur noch im Bett liegen können. Ich dachte nicht, dass ich so schnell Kontakt zu den Patienten finden würde. Es waren ältere Menschen, Behinderte und Kranke zu betreuen. Einmal auch Kinder, da auch eine Familienpflege in der Sozialstation war. Diese passte auf die Kinder erkrankter Eltern auf. Mir wurde alles erklärt. Ich wurde nie zu etwas gedrängt und es war sehr abwechslungsreich. Ich hätte vorher nie gedacht, dass es so viele einsame Menschen gibt, die vollkommen von der Sozialstation abhängig sind. Alle Menschen brauchen gleich viel Zuwendung. Ich habe Vorurteile gegenüber Kranken und Behinderten abgebaut. Ich beurteile Menschen nicht mehr nach ihrem Alter, Krankheit oder ihrer Behinderung. Es sind alle gleich und alle brauchen Zuwendung. Mit meinen Eltern habe ich sehr gut über die eigene Betroffenheit gesprochen. Wir haben auch darüber gesprochen, dass wir unsere Großmutter mit ins Haus nehmen.

Schülerin in einer Behinderteneinrichtung

Schon am zweiten Tag umarmte mich ein Junge ganz spontan, hielt mich fest. Er hatte überhaupt keine Vorurteile, keine Ängste, obwohl er mich kaum kannte. Dieser Junge war im Grunde sehr jähzornig, es machte mich ein bisschen stolz, dass er bei mir im Arm ruhig wurde. Ich wurde eigentlich sofort aufgenommen, sowohl im Arbeitsbereich, als auch von den Kindern. Ich konnte meine Hemmungen und Ängste gleich ablegen. Dort waren Kinder, Jugendliche mit Schädeltrauma, d. h. Kinder mit Behinderungen verschiedener Art, z. B. lagen auf der Station Kinder im Wachkoma, deren Gehirn so stark geschädigt ist, dass fast kein Leben außerhalb der Klinik möglich ist, andere mit „nur" Sprachstörungen oder Motorikstörungen. Manche Fußgänger, manche Rollstuhlfahrer oder bettlägerig. Es gab einen Jugendlichen, der ein Übergangstrauma hatte, er war desorientiert und auf gut Deutsch nervig. Es beanspruchte die ganze Aufmerksamkeit, doch er wird wahrscheinlich relativ vollständig geheilt; dessen Schicksal würde mich interessieren. Allgemein beeindruckte oder beschäftigte mich oft das Schicksal der Kinder, die meisten hatten einen Unfall, bei dem Verwandte oder Bekannte umgekommen war. Sie wurden aus ihren Lebensgewohnheiten ‚rausgerissen'. Die Behinderten waren sehr offen. Die Vorbereitung von der Schule war schlecht. Ich habe mich selbst um eine Stelle gekümmert. Andere wussten noch eine Woche vorher nicht, wo sie hinkommen. Im Unterricht kann man auf individuelle Situationen kaum vorbereitet werden. Es hätte mehr über verschiedene Dinge geredet werden sollen, nicht über die Definition von Caritas und Diakonie im Religionsunterricht. Unterstützung durch die Schule gab es überhaupt nicht. Ich habe nicht mitbekommen, dass sich irgendjemand ein Mal gemeldet hat.

Schüler in einem Kindergarten

In der Gruppe, in der ich war, hat die Erzieherin jedes Kind einzeln begrüßt, evtl. auf den Schoß genommen etc. Sie war zu jeder Zeit für die Kinder da. Die Erzieherin der anderen Gruppe dagegen hat die Kinder immer kurz abgefertigt und die meiste Zeit gebastelt. An die-

sem Beispiel konnte ich sehen, wie unterschiedlich Erziehungs-
methoden sein können. Von der Erzieherin bin ich als vollwertiger
Erzieher respektiert worden. Ich durfte eigentlich alle Entscheidungen selbst treffen. Oft habe ich mit der Leiterin Gespräche über Kin-
dergartenführung geführt z. B. ob modern oder alt. Für die Kinder
war ich ein Zwischending zwischen Erzieher und Spielkamerad. Sie
sind sehr offen auf mich zugegangen. Die Kindergartenleiterin hat
mich beeindruckt. Sie ist eigentlich überqualifiziert, da sie eine viel
bessere Ausbildung hat. Daher konnte ich in Gesprächen sehr viel
über Erziehung und Kindergartenleitung lernen. Bei den Kindern
fand ich es beeindruckend, dass man schon in diesem Alter einige
besonders intelligente oder begabte Kinder erkennen konnte. Und
ich habe gelernt, dass ich auch meine Grenzen (Geduld) habe. Ich
muss auch mal lernen ‚Nein‘ sagen zu können.

Schülerin in einem Krankenhaus

Ich durfte morgens mit einer examinierten Krankenschwester oder
einem Pfleger beim Verbandwechsel dabei sein. Anfangs (die ersten
2 Tage) stand ich nur daneben, aber schon bald durfte ich sogar selbst
anreichen helfen und den Patienten verbinden. Auch Vital-Werte-
Messen und auch selbst in die Kurve eintragen gehörte zu meinem
Tagesablauf. Ich hätte nicht erwartet, so viel selbst machen zu dürfen,
dass die Schwestern es mir überlassen sehr verantwortungsvolle Aufgaben, die sie auch erledigen, selbst ausführen zu dürfen. Es war
zwar auch eine große seelische Belastung, aber eigentlich positiv. Es
waren meistens ältere Menschen, die auf Hilfe angewiesen waren.
Manche mehr, manche weniger. Ich hatte eine „Lieblingsschwester",
mit der ich immer zusammengearbeitet habe, wenn sie da war. Sie
akzeptierte mich so, wie ich bin, und traute mir vieles zu. Sie war
mein Vorbild, weil sie in stressigen Situationen immer Ruhe bewahr-
te und sich selbst nicht vergaß. D. h., nach der Arbeit konnte sie völlig
abschalten. Aber diese eine Medizinstudentin, die noch keine Ausbildung zur Krankenschwester hatte, behandelte mich wie eine kleine,
ihr Unterworfene. Sie musste mir zeigen, wie man es richtig und
besser macht und ließ mich ihr nie helfen. Die älteren sahen es als
selbstverständlich an, dass auch ich ihnen bei allem helfen kann, und
verstanden oft nicht, dass ich keine examinierte Schwester bin und
deshalb nicht alles machen darf. Die Jüngeren bewunderten mich
oftmals um mein Engagement und was ich aushalten kann, zu sehen.

Aber es gab auch viele, die waren nur auf sich selbst bedacht und wollten wegen jeder Kleinigkeit eine Schwester sprechen, wenn es viel zu tun gab, verstanden sie es nicht, dass es auch noch andere Patienten außer ihnen gab. Eine ältere Dame habe ich über mehrere Tage hinweg mitgepflegt. Habe ihre Haare gemacht, sie angezogen, gewaschen, ihre Wunden verbunden, gemessen, sie gefüttert und mit ihr geredet. Wir entwickelten eine Art Freundschaftsbeziehung. Von ihrer Tochter bekam ich sogar Geld. Als sie entlassen wurde, musste sie sogar weinen. Ich habe gelernt es zu schätzen, wie gut es mir im Leben selbst geht bei all diesen schweren Krankheiten, die es gibt. Auch, dass man das Leben bewusster leben sollte und sich nicht so sehr über Kleinigkeiten aufregen soll. Ich habe gelernt, wie belastungsfähig ich bin. Vorher hätte ich mir solche Aufgaben im Umgang mit Blut + Krankheiten nie zugetraut. Ich achte mehr auf mich selbst und die Krankheitsfälle in meinem Verwandten- und Bekanntenkreis. Ich interessiere mich dafür viel mehr. Eigentlich wollte ich nie etwas Soziales machen – jetzt überlege ich mir ernsthaft Medizin zu studieren.

Schüler in einer Flüchtlingsberatungsstelle

Da ich Kroatisch spreche, habe ich für viele bosnische Flüchtlinge übersetzt. Mit einer Frau, die durch die Erlebnisse psychisch labil war und abgeschoben werden sollte, bin ich in die psychiatrische Klinik und habe für sie übersetzt, damit sie ein Attest bekam und noch bleiben durfte (falls es geklappt hat). Es gab viele ratlose Flüchtlinge, die Hilfe brauchten und hofften, sie durch die Institution zu erhalten. Sie waren nett und dankbar. Die Schicksale haben mich noch im Nachhinein beschäftigt. Es wären zu viele, um jedes aufzuzählen, aber man kann sich ja denken, dass man diese Schreckensberichte nicht vergessen kann. Für mich war neu, dass es so viele rechtliche Hürden zu überwinden gibt, um in Deutschland in Ruhe zu leben, da ja der eigene Heimatstaat zerstört ist oder Ungerechtigkeit herrscht. In der Einrichtung wurden wir gleich integriert und das Personal wusste unser Engagement zu schätzen. Während des Praktikums habe ich gelernt, dass Menschen in Not Verständnis und v. a. Hilfe brauchen, zumal sie in einem fremden Land sind. Jetzt achte ich mehr auf die politischen Situationen in der Welt und Nachrichten (Fernsehen) mehr mitzuerleben, zu verstehen.

Schüler in einer Betreuungsstelle für Wohnsitzlose

Ich hatte keine Erwartungen, da ich nicht wusste, was auf mich zukommt. Ich habe erst eine Woche vorher gewusst, dass ich da hinkomme. Einmal versteckte Herr B. eine Flasche Korn in der Einfahrt des Heims, und wir konnten beobachten, wie er sie in wenigen Zügen leerte. Die meisten waren durch jahrelangen Alkoholkonsum nicht mehr zu einem normalen Dasein befähigt. Viele waren einfach kaputt. Sie nutzten die Sozialhilfe und die Möglichkeit auf Übernachten aus, von dem Geld, das sie bekamen gingen sie zum nächsten Penny-Markt und kauften Chantré. Ihre ständige Trunkenheit hat auf mich einen bleibenden Eindruck hinterlassen. Ich hätte vorher nie gedacht, dass man einen Alkoholiker nicht resozialisieren kann. Die Betreuer haben's mir nicht gesagt, was sie von mir halten. Sie fanden es wohl nicht so toll mit einem Praktikanten als 5. Rad am Wagen belastet zu werden. Am Anfang wussten sie mit mir nichts anzufangen. Zuerst wusste die Einrichtung auch gar nicht, dass Praktikanten kommen. Von der Schule wurde ich überhaupt nicht unterstützt. Der Lehrer rief nie an oder meldete sich sonst wie. Ich habe gelernt, wie kaputt jemand sein kann und dass die Menschen in meiner Einrichtung alles andere als dankbar für die Hilfe waren, die ihnen angeboten wurde. Ich würde kein Sozialpraktikum mehr machen und ich finde es auch nicht sinnvoll, weil's nichts bringt, jemanden zur Nächstenliebe zu zwingen.

Schülerin in einem Krankenhaus

Typisch war für mich das Aufnehmen von neuen Patienten, das ein Gespräch mit ihnen beinhaltet, bei dem man bei sehr vielen Patienten sehr viel über deren Leben erfahren hat und somit schon eine Verbindung zu ihnen hatte, und außerdem noch dem Messen von Blutdruck, Puls, Temperatur, das ich immer machen durfte. Ich dachte nicht, dass ich so viel Kontakt zu den Patienten haben würde, und sie mir auch so viel erzählen. Das kam wahrscheinlich daher, dass es vorwiegend ältere Menschen waren, die das Bedürfnis haben, zu erzählen, 2. man viel für sie macht und somit Kontakt hat. Hauptsächlich ältere kranke Menschen (auf der inneren Medizin) mit Schlaganfall, Herzproblemen, 3 Pflegefälle; aber auch jüngere Menschen, die oft Leberschäden hatten, weil sie Alkoholiker sind. Es war interessant zu sehen, wie manche Menschen ihre Hilflosigkeit ‚runterspielen' und keine Hilfe wollen, und andere viel mehr Hilfe in Anspruch nehmen als sie eigentlich bräuchten. Ich hätte nie gedacht, dass Menschen so hilflos sein können und voll und ganz auf andere Menschen angewiesen sind, weil ich es noch nie erlebt hatte. Die Pflegekräfte haben mir Aufgaben gegeben, die mich nicht überfordert haben, aber auch nicht unterfordert. Sie hatten Vertrauen zu mir und haben mir auch alles erklärt. Ich fand es gut, wie freundlich sie immer den Patienten gegenüber waren. Auch die Hilfsbereitschaft fand ich bei ihnen sehr beeindruckend. Mit meinen Eltern sprach ich über Krankheit und Tod, denn zwei Menschen starben während meines Praktikums. Meine Eltern haben vor allem zugehört, so konnte ich das verarbeiten.

Schüler in einem Krankenhaus

Die Arbeitszeiten waren sehr lang und begannen früh. Ich hätte auch nicht erwartet, eine relativ wichtige Stellung auf der Station einzunehmen, denn die Schwestern und Pfleger integrierten mich schnell in das Leben des Pflegers. Nachdem ich von einer Schwester beauftragt wurde, ein „dreckiges" (Blut, Urin) Laken zu entfernen, sollte ich einem älteren Mann nach dem Waschen, das ich durchführte, beim Anziehen helfen. Nach der Beendigung sollte ich eine ältere Frau auf den Topf bringen und danach das benachbarte Zimmer ausräumen (Bett zusammenbauen und wegbringen, desinfizieren). Dauer dieser Auftragsspanne ca. 30 Minuten. Auf einer Krankenstation mit so vielen hilfsbedürftigen Menschen ist jede Hand wichtig! Eine unterbezahlte Gruppe von Pflegern schafft es, so viele Kranke mit so unterschiedlichen Leiden professionell zu pflegen, und ich hätte auch nicht gedacht, dass ich die Herausforderungen relativ „blockadelos" und ohne Hemmungen bewältige. Schon am 1. Tag war ich gleich eingespannt, das fand ich aber gut, da ich so einen guten Einblick in die Berufsrealität gewinnen konnte. Auf der Station waren viele sehr krank bzw. verletzt; sie brauchten die volle Zuneigung der Pflegerinnen. Um sie glücklicher zu machen, brauchten manche eine intensive Betreuung von mehreren Tagen mit Komplett-hilfe, manche strahlten bereits, wenn ich ihnen ein Kissen zur Minderung ihrer starken Nackenschmerzen brachte. Viele waren noch vital, doch viele, die schon länger dort sind und keine Aussicht auf eine rasche Entlassung haben, sind oft deprimiert, sprechen kein Wort und verwirrte Dinge, sie sind tottraurig. Viele sind jedoch auch

sehr nett, aufrichtig, versuchen es auch, den Pflegern entgegen-
zukommen, sofern sie dies schaffen. In einigen Ausnahmen sind Patienten unfreundlich oder (in einigen selten Fällen) Vertreter faschis-
tischer Ideologien. Eine alte Dame war stark verletzt, konnte sich
kaum bewegen. Sie war trotzdem voller Lebensfreude und Vitalität,
war nett und witzig. Mehrere Patienten waren trotz ihrer Handikaps
noch sehr vital und nett, was in solch einer Situation sicherlich
schwierig ist. Ein Patient, eine Ausnahme, machte aufgrund seiner
faschistischen und rassistischen Einstellung einen sehr negativen
Eindruck auf mich. Seine „Spielchen", wie er es nannte, z. B. den
Hitlergruß beim Rausgehen, blieben nachhaltig erhalten, denn von
solchen Leuten geht eine Gefahr aus. Aber Menschen, die krank sind,
erwarten etwas von dir, wenn du weiß angezogen bist. Die Pfleger
helfen viel, betreiben aktive Solidarität. Das lässt auf eine solidarische
Gesellschaft auf sozialer Basis hoffen.

Quelle

Schüleräußerungen aus dem Unterrichtszeitraum 1997/98.

Welchen Sinn haben Leiden und Scheiden?

Norbert Blüm

Das ist eine uralte Frage, die Hiob schon stellte. Denn gerecht war er, fromm und tüchtig; aber über Nacht wurde aus dem Kraftprotz Hiob ein Häufchen Elend. Alles verlor er, Kinder und Knechte, Hab und Gut, zuletzt auch noch seine Gesundheit. Warum, so fragte Hiob, denn er hatte sich nichts zuschulden kommen lassen. Niemand konnte ihm diese Frage beantworten. Weder seine Frau noch seine Freunde.

Ich weiß auch keine Antwort.

In einer Religion jedoch, in deren Mittelpunkt ein Heiland steht, der unter weltlichen Kriterien ein Gescheiterter und Leidender war, ist die Frage nach dem Sinn von Leiden und Scheiden von existenzieller Bedeutung. Leiden und Scheiden bewahren uns vor Selbstüberschätzung, die unter erfolgreichen Menschen so auffällig häufig zu finden ist.

Vielleicht ist in das Leiden auch eine Pädagogik eingebaut, die uns lehrt, dass wir alle aufeinander angewiesen sind. Denn auch die Leidenden haben den Erfolgreichen manches zu sagen, und jemand, der einem Behinderten nicht helfen kann, ist wahrscheinlich behinderter als der Behinderte.

In einer Welt ohne Leiden würden wir wahrscheinlich ohne Rücksicht aufeinander leben.

Ohne Leid kein Mitleid. Mitleid ist eine Form der Liebe. Die Liebe ist paradoxerweise eine Abhängigkeit, die stärker macht. Eine mitleidsfähige Gesellschaft ist eine starke Gesellschaft.

Ganz anders als in einer modernen Emanzipationspädagogik ist Selbstverwirklichung keine Alleinverwirklichung. Erziehung zum Mitleid ist eine Erziehung zum Mit-Sein. Sie setzt nicht mit philosophischer Reflexion ein, sie hat ihren Sitz im Miteinanderleben.

Das Mitleid ist die Mutter der Barmherzigkeit.

Barmherzigkeit ersetzt nicht Gerechtigkeit. Mit den Leidenden leiden macht nicht die Anstrengung überflüssig, die Quelle der Leiden zu verstopfen. Hunger und Elend in der Welt sind nicht gottgegeben, sondern menschengemacht.

Kampf für Gerechtigkeit hat die deformierten Strukturen der Welt zum Objekt ihres Einsatzes. Barmherzigkeit füllt die Lücken unserer Unfähigkeit, eine gerechte Welt herzustellen.

Für eine Kultur des Erbarmens

Klaus Engelhardt

Eine Warnung vorweg: Es wäre fatal, wenn christlich-konfessionelle Schulen ausgerechnet den Bereich des Sozialen zur Aufbesserung ihres Schulprofils instrumentalisieren wollten. Christen engagieren sich nicht, um sich vor der Öffentlichkeit zur Schau zu stellen. Das geht nicht. Das Ziel des Compassion-Projekts kann insofern nicht instrumenteller Art sein. Aber es steht außer Frage, dass sich das besondere Profil christlich-konfessioneller Schulen überall dort zeigt, wo es um Fragen des Menschenbildes geht und wo infolge der Entwicklungen der heutigen Wissenschaftswelt, zum Beispiel der Biogenetik, der pränatalen Diagnostik, der Sterbehilfe – also am Anfang und Ende des Lebens – ethisch gefragt werden muss, was geht und was nicht geht. Das Profil christlich-konfessioneller Schulen zeigt sich daran, dass und wie diese Schulen die Frage nach dem Menschenbild, nach Grenzen und Möglichkeiten des Menschseins wach halten.

Das Compassion-Projekt dient auch nicht in erster Linie der Selbstfindung der Schüler. Es kann freilich diesen Nebeneffekt haben und dazu beitragen.

„Mitleidenschaft" ist absichtslos. „Mitleidenschaft" ist die Fähigkeit zu sehen, wo der Nächste vor meinen Füßen liegt. Diese Fähigkeit gehört zur notwendigen Grunddisposition, um richtig reagieren zu können. Das viel zitierte Gleichnis Jesu vom barmherzigen Samariter macht diese Grunddisposition deutlich. Hier reagiert ein Mensch, ohne ein Programm oder ein Weltbild dafür geltend zu machen. Er reagiert auf den erlebten Augenblick der Not, und er ist im richtigen Augenblick präsent. An solcher Präsenz kann allzu Programmatisches gerade hindern. Mitleiden kann nie ein Programm sein. Um mitleiden zu können, braucht es die Unmittelbarkeit des Empfindens wie der Wahrnehmung. „Mitleidenschaft" ist die Entschlossenheit nicht wegzuschauen, sondern eben die Augen für die Not des andern aufzumachen. Das fällt uns schwer, wenn wir Bilder von gequälten Menschen sehen. Auch ein Mensch mit einer durchaus caritativen Einstellung steht in der Gefahr, dass er lieber wegschauen möchte.

In der Begegnung mit Menschen, die in der Diakonie arbeiten, frage ich mich oft, woher sie die Kraft haben, standzuhalten und angesichts eines Leids, das nicht aufhört, nicht zu resignieren. Offensichtlich ist es die Grundbotschaft der christlichen Verkündigung, die diesen Menschen hilft, nicht auszubrennen. Diese Botschaft heißt: Es ist entgegen allem Anschein nicht vergeblich, was ihr tut. Auch Jesus hat nur Einzelne geheilt. Aber diese einzelnen Wundertaten waren und sind die Zeichen einer anderen Welt, einer Welt ohne Tränen, von der die Offenbarung am Ende der Bibel spricht. Diese Verheißung kann fälschlicherweise als billige Vertröstung gesehen werden. Aber das ist sie gerade nicht. Unsere Verantwortung für die Welt ist begrenzt; sie ist nicht unendlich. Deshalb hilft uns kein billiger Trost, wenn wir in unseren Möglichkeiten der Solidarität und des mitmenschlichen Einsatzes für andere an Grenzen kommen.

Ich hoffe, dass für die Schülerinnen und Schüler in den Compassion-Praktika deutlich wird: Der soziale Einsatz ist keine Einbahnstraße! Es findet nicht nur eine Bewegung von den Starken zu den Schwachen, von den Gesunden zu den Kranken, von den Reichen zu den Armen statt. Diakonie und Caritas sind dort richtig verstanden, wo ein Zueinander und wechselseitiges Miteinander, ein gegenseitiger Austausch möglich ist. Nie darf einer immer nur als der Helfende und der andere nur als der Hilfsempfänger gesehen werden. Die Helfenden können spüren, was ihnen in den Schwachen an Lebensmöglichkeiten geschenkt wird. Ein Krankenhausseelsorger erzählte von einem völlig gelähmten Mann, der nur noch schwer sprechen konnte. Um lesen zu können, hatte man ihm ein Glaspult gebaut, auf das das Buch so aufgelegt wurde, dass der Mann von unten, im Liegen, jeweils die beiden aufgeschlagenen Seiten lesen konnte. Wollte er weiterlesen, musste er warten, bis ein Helfer oder eine Krankenschwester ins Zimmer kam und die Seiten umdrehte und das Buch mit den nächsten zwei Seiten wieder auf das Pult legte. Dieser Mann erzählte mit Stolz, dass er auf diese Weise ein Buch von 300 Seiten gelesen habe. Was für eine Ausdauer und Fähigkeit, warten zu können! Was für ein Zeichen, das dieser Mann in einer Welt gibt, in der alles auf Schnelligkeit ankommt!

Das Compassion-Projekt kann schließlich ein Gespür dafür wecken, dass zum sinnvollen Menschsein auch das Fragmentarische gehört und dass in der Begegnung mit Kranken, alten Menschen, Kindern in sozialen Einrichtungen, Behinderten, Obdachlosen usw. zu entdecken ist: Es gibt kein Leben und kein Leid ohne mich. Wir brauchen eine Kultur des Erbarmens. Erbarmen versteht sich nicht von selbst, sondern muss „kultiviert", eingeübt werden. Von Bonhoeffer haben wir gelernt: Kirche ist Kirche, wenn sie „Kirche für andere" ist. Vielleicht ist diese Formel missverständlich. Als hätte die Kirche anderen zu sagen, wo es lang geht. Besser wäre: Kirche ist Kirche Jesu, wenn sie „Kirche *mit* anderen" ist, in einer tiefen Solidarität mit den gesellschaftlichen Verlierern, und wenn sie mit deren Augen die Welt und das Leben wahrnimmt.

Würdigung aus der Sicht des Deutschen Caritasverbandes

Hellmut Puschmann

Aus Sicht des Deutschen Caritasverbandes kann ich das Projekt „Compassion – Weltprogramm des Christentums. Soziale Verantwortung lernen" nur begrüßen. Es unterstützt in hervorragender Weise das, was die Caritas in ihrem Leitbild mit dem Begriff der „Anwaltschaft für Benachteiligte" formuliert hat. Die heutige Gesellschaft entwickelt sich immer mehr zu einer individualistischen, stellenweise sogar zu einer nahezu egomanischen Gesellschaft. Grundlegende Werte wie Solidarität, Verantwortung oder Gemeinschaft scheinen nicht mehr viel zu gelten. Das bekommt gerade die soziale Arbeit sehr zu spüren. Ehrenamtliches Engagement in den Gemeinden wird von Außen zunehmend nur noch als ökonomischer Faktor betrachtet. Menschen, die sich, besonders im sozialen Feld, engagieren, werden meist nur noch milde belächelt.

Aber nicht nur das. Die Tendenzen zur Ausdifferenzierung und Entsolidarisierung der Gesellschaft führen unweigerlich zu Ausgrenzungen. Es scheint nur noch das zu gelten, was gerade „in" ist. Solidarität oder auch die mitmenschliche Hilfe untereinander zählen leider nicht zu den Höhepunkten des Zeitgeistes. Die Kirchen und insbesondere die Sozialverbände der Kirchen bemühen sich, zu einer „Pädagogik der Solidarität" zu kommen, in der die grundlegenden Werte unserer Kultur wieder vermittelt werden. In der Arbeit mit jungen Menschen ist dies besonders wichtig; ob in der Schule, in der Jugendarbeit oder aber bei den zahlreichen Freizeitaktivitäten. Sehen-Urteilen-Handeln als methodischer Dreischritt der Ethik ist die Form, mit der es uns gelingen kann, der künftigen Generation Verantwortung lernbar zu machen. Die Erfahrung, wie schwierig das in der Praxis ist, machen wir jeden Tag neu. Das Projekt „Compassion" kann ein gangbarer Weg sein, Solidarität spürbar und erfahrbar werden zu lassen, mit dem Ziel, selbst solidarisch denken, urteilen und handeln zu können.

In der Beschreibung des Projektes ist die Rede von einem „Ethos sozialer Sensibilität". Damit ist ausgedrückt, dass es dem Projekt nicht um eine kurzlebige Erfahrung, sondern um ein auf Zukunft hin angelegtes ethisches Weltverständnis geht, in dem Ausgrenzung, Armut und Marginalisierung keine Chance haben. Ein solches Ethos ist aber auch in der Lage, die allgemeine und an vielen Stellen wahrnehmbare Orientierungslosigkeit sowie den Verlust von sinnvollen Traditionen und Überzeugungen ins Positive zu wenden und gerade mit Blick auf Europa der Gesellschaft das zurückzugeben, was ihr fast schon verloren gegangen ist: umfassende Menschlichkeit und Solidarität; Lebensweisen, in denen auch Schwäche und Nicht-Mithalten-Können existent sein dürfen.

Die Berührung mit der konkreten Realität, wie es im Projekt erlebt wurde, ist sehr entscheidend. Sie ist entscheidend, weil solche Erfahrungen nicht am grünen Tisch gemacht oder aus Büchern konsumiert werden können. Beziehung muss man leben und erfahren. Selbst eine plurale Medienorientierung kann das nicht leisten.

Es ist nicht übertrieben, wenn ich betone, dass das Projekt einen Beitrag zur „sozialen Nachhaltigkeit" liefert, also zu der Frage, welche Bedingungen eine künftige Gesellschaft erfüllen muss, wenn sie mit der Ressource Mensch umgeht und vor allem was bereits jetzt dafür getan werden kann und sollte.

Ich wünsche dem Projekt und dessen Gedanken eine weite Verbreitung und bemühe mich von Herzen, dies in den Caritasverband hineinzutragen.

Gedanken zu Matthias

Thekla Weber

Unser Sohn Matthias ist körperlich und geistig behindert. Er sitzt im Rollstuhl. Seine Zwillingsschwestern sind fünf Jahre älter. Die Diagnose: schwere spastische Disparese war ein großer Schock für uns. Doch im Laufe der über zehn Jahre, die wir nun schon mit Matthias zusammenleben, lernten wir, diese Herausforderung anzunehmen. Als Mutter wollte und will ich das Beste für mein Kind: medizinische Versorgung und die Integration in eine Gesellschaft, die die Schwachen an den Rand drückt. Solange Matthias nur zu Hause betreut wurde, war er in der Familie geborgen. Doch mit der Suche nach einem Kindergartenplatz begannen die Probleme. Nur stundenweise durfte Matthias in den Kindergarten unserer Pfarrgemeinde. Die Erzieherinnen waren einfach überfordert. Dabei wollten wir ihn doch nur möglichst lange mit „gesunden" Kindern zusammen aufwachsen lassen. Mit fünf Jahren konnte er dann einen „integrativen" Kindergarten besuchen. (Seine Gruppe hatte vier behinderte und 15 „gesunde" Kinder.) Eine Heilpädagogin unterstützte die Erzieherinnen. Matthias hatte nun für kurze Zeit eine Freundin, die auch zuhause mit ihm spielte. Das Zusammenleben im Kindergarten war problemlos, nur endeten die Freundschaften an der Kindergartentür. Mit 6 Jahren wurde Matthias in die Körperbehindertenschule in Offenburg eingeschult. Er wird jeden Tag von einem ASB-Bus abgeholt. Matthias geht sehr gerne in die Schule. Doch außerhalb hat er wenig Freunde. Deshalb freut er sich sehr, dass er ein Mal in der Woche zu den Pfadfindern in Kehl gehen kann. Die anderen Wölflinge haben keine Berührungsängste. Sie schleppen ihn überall mit hin. Kinder sind unbefangener im Umgang mit Matthias. Sie fragen ganz direkt nach, wenn er, inzwischen 10 Jahre, mit seinem Dreirad unterwegs ist.

Das Zusammenleben mit Matthias ist eine tägliche Herausforderung. Behindert er doch auch das Leben unserer Familie. Besonders ich als Mutter fühle mich dadurch oft eingeschränkt und überfordert. Doch sehe ich diese Last als Chance zur Veränderung. Das Nachdenken über das Anderssein der Behinderten bringt mich dazu, die körperliche und geistige Gesundheit mehr zu schätzen. Man wird sensibler, wacher, konzentriert sich auf das Wesentliche.

Für mich hatte die Behinderung auch andere Konsequenzen. Die Belastung, die die Erziehung und Pflege meines behinderten Kindes mit sich bringen, hält mich davon ab, auch nur teilzeitlich beruflich tätig zu sein. Ich war von Beruf Grund- und Hauptschullehrerin. Matthias wird lebenslang auf fremde Hilfe angewiesen sein.

Mit Gottes Hilfe werden wir dieses unser Schicksal tragen.

Autorenverzeichnis

NORBERT BLÜM, Dr. MdB, Berlin, Bundesminister 1982–1998

MICHAEL N. EBERTZ, Dr. rer.soc.habil., Professor für Soziologie an der Kath. Fachhochschule Freiburg i.br., Privatdozent an der Universität Konstanz

KLAUS ENGELHARDT, Prof. Dr., ehem. Landesbischof der Badischen Landeskirche und Präses der EKD

STEFAN GÖNNHEIMER, Studienrat am St. Raphael-Gymnasium Heidelberg, zwei Jahre lang Wissenschaftlicher Mitarbeiter der Forschungsgruppe *Compassion* an der Pädagogischen Hochschule Karlsruhe

FRIEDRICH HIRSCH, Dr., Präsident des Oberschulamts Karlsruhe und Mitglied der Projektgruppe

HARTMUT KÖHLER, Dr., StD, Referent für Mathematik am LEU, Stuttgart

FRANZ KUHN, Dr., Oberstudiendirektor am St. Raphael-Gymnasium Heidelberg und Mitglied der Projektgruppe

LOTHAR KULD, Dr. theol. habil., Professor für Kath. Theologie/Religionspädagogik an der Pädagogischen Hochschule Karlsruhe

JOHANN B. METZ, Dr. phil., Dr. theol. habil., Professor em. für Fundamentaltheologie in Münster und Wien. Begründer der „Neuen politischen Theologie".

DIETMAR MIETH, Dr. theol.habil., Professor für Ethik an der Kath. Fakultät der Universität Tübingen

HELLMUT PUSCHMANN, Präsident des Deutschen Caritas-Verbandes, Freiburg

JÜRGEN REKUS, Dr. phil.habil., Professor für Allgemeine Pädagogik an der Pädagogischen Hochschule Karlsruhe, Privatdozent an der Universität Hildesheim

BRUNO SCHMID, Dr. theol., Professor für Kath. Theologie/Religionspädagogik an der Pädagogischen Hochschule Weingarten.

THEODOR STROHM, Dr. theol. habil., Professor für Praktische Theolgie und Leiter des diakoniewissenschaftlichen Instituts an der Universität Heidelberg

THEKLA WEBER, Mutter von drei Kindern, Grund- und Hauptschullehrerin, Kehl.

ADOLF WEISBROD, Dr., Direktor der Schulstiftung der Erzdiözese Freiburg und Leiter der Projektgruppe

Kommentierte Literaturhinweise zum Weiterlesen

COMTE-SPONVILLE, A., Ermutigung zum unzeitgemäßen Leben. Ein kleines Brevier der Tugenden und Werte, Rowohlt, Reinbek bei Hamburg 1996
Das Buch ist kein modisches Tugendbuch, wie der Titel missverständlich vermuten lässt, sondern ein in gut verständlicher Sprache geschriebener Essay und eine sorgfältige philosophische Analyse zentraler Haltungen des Menschseins. Ein Kapitel ist dem Mitleid, der sympatheia (deutsch: Sympathie!), gewidmet.

KINDER DER FREIHEIT, hg. v. Ulrich Beck, Suhrkamp, Frankfurt 1997
Der Band enthält gut lesbare soziologische Analysen zu Wertorientierungen und Gründen für Solidarität, Kooperation und Zuwendung unter den Bedingungen moderner Gesellschaften. Unter anderem bietet das Buch einen längeren Auszug aus dem Buch „Acts of Compassion" von Robert Wuthnow (Princeton 1991).

ERNST KLEE, Eine feine Gesellschaft. Soziale Wirklichkeit in Deutschland, Patmos, Düsseldorf 1995
Das Buch bietet eine Sammlung kritischer Sozialprotokolle, die Ernst Klee über der Arbeit mit Obdachlosen, „Behinderten" und in der Psychiatrie lebender Menschen geschrieben hat. Seine Berichte über Opfer und Täter der NS-Zeit geben seinen Berichten eine historische Perspektive.

DAS PRINZIP MITGEFÜHL, hg. und eingeleitet von Leonardo Boff, unter Mitarbeit von Werner Müller, Herder/Spektrum Bd. 4703, Freiburg 1999
Das Buch bietet eine Sammlung kurzer Texte aus der jüdischen, christlichen, islamischen und asiatischen Tradition, von Philosophen und Naturreligionen, zum Thema Mitgefühl angesichts von fremdem Leid. Leonardo Boff skizziert einleitend den gegenwärtigen globalen Problemhorizont und die Notwendigkeit von Wohlwollen, Erbarmen und Solidarität mit den Leidenden, den Menschen wie der Natur.

FREDI SAAL, Warum sollte ich jemand anderes sein wollen? Verlag Jakob van Hoddis (Gartenstr. 4, 33332 Gütersloh), Gütersloh 2. Auflage 1996
Der Untertitel des Buches lautet: Erfahrungen eines Behinderten – biografischer Essay. Fredi Saal erzählt sein Leben als „Behinderter" und macht mit seiner Lebensgeschichte darauf aufmerksam, dass er mit seiner „Behinderung" nicht bedauernswert ist, sondern Behinderte wie Nichtbehinderte gleichberechtigt sind und ein Recht darauf haben, zu sein, wie sie sind, und gleichberechtigt in dieser Gesellschaft zu leben.

ERIKA SCHUCHARDT, Warum gerade ich? Leben lernen in Krisen. Göttingen
9. Auflage 1996
Erika Schuchardt analysiert auf der Basis einer umfangreichen Sammlung von
autobiografischen Texten (kommentierte Bibliografie von über 1000 Lebens-
geschichten) exemplarisch, wie Menschen, die von der Geburt eines behinderten
Kindes, depressiver Erkrankung, Erblindung, Krebs betroffen sind, ihre schwere
Lebenskrise verarbeiten. Eine leitende Frage ist dabei, wie Leiden und Glauben
zusammen gehen und Begleitung von Menschen in Lebenskrisen möglich ist.

Darstellungen des Compassion-Projekts

Grundlegende Beschreibung des Projekts:

ADOLF WEISBROD/FRANZ KUHN/FRIEDRICH HIRSCH, Compassion – Ein Praxis-
und Unterrichtsprojekt sozialen Lernens: Menschsein für andere, in: Engagement. Zeitschrift für Erziehung und Schule 1994, H. 2–3, 268–307. – Als Sonderdruck zu beziehen über: Zentralstelle Bildung der Deutschen Bischofskonferenz, Kaiserstr. 163, 53113 Bonn.
FORUM, Informationsheft für die Katholischen Freien Schulen der Erzdiözese Freiburg, Hefte 12, 8–10; 17, 64; 18, 17–19; 19, 53; 21, 18–22; 24, 19–23; 27, 4–81.

Weitere Literatur:

Die Compassion-Initiative. Ein Praxis- und Unterrichts-Projekt sozialen Lernens in
der Schule. (Themaheft) – Forum 27/ 1999.
STEFAN GÖNNHEIMER / LOTHAR KULD: Das Compassion-Projekt – Zwischenbe-
richt über einen Modellversuch. In: Christ in der Gegenwart Nr. 42 (1998) 357 f.
Dies.: Compassion. Aus der Zwischenbilanz der wissenschaftlichen Begleitung. In:
Forum 21 (Mai 1998) 18–22.
DANIIL GRANIN: Die verlorene Barmherzigkeit - Eine russische Erfahrung, Her-
der/Spektrum, Band 4043, Freiburg 1993.
FRIEDRICH HIRSCH: Compassion – ein Vorschlag, Schule menschlicher zu machen. In: Forum 12 (April 1995) 8–10.
LOTHAR KULD: Compassion. Bericht zu Hypothesen und Verfahrensweise der wissenschaftlichen Begleitung des Modellversuchs. In: Forum 18 (März 1997)
S. 17–19.
ders.: Mitleid lernen. Der Modellversuch „Compassion". Ein Praxis- und Unterrichtsprojekt sozialverpflichteten Lernens. In: ru Ökumenische Zeitschrift für
den Religionsunterricht Heft 2 (1997) S. 56–60.
ders.: Wie Religion in der Schule vorkommt. Drei Neuformulierungen. In: Religionsunterricht der Zukunft. Aspekte eines notwendigen Wandels, hg. v. R. Eh-
mann u. a., Freiburg, 1998, 208–211.
Ders.: Das Compassion-Projekt. Ein Beispiel ethischen Lernens in der Schule. In:
Kontakt 1998, 22–23.
Ders./ STEFAN GÖNNHEIMER: Das Compassion-Projekt als Profilierungsinstrument. In: Engagement. Zeitschrift für Erziehung und Schule 3/1998, 157–173,
Dies.: Compassion. Sozialverpflichtetes Lernen und Handeln, Stuttgart 2000.
JOSEF A. MAYER, Bericht zur Resonanz und Publizität des Projektes in den Medien.
In: Forum 18 (März 1997), 20.